U0797059

BLACK SWAN 黑天鹅图书

为 人 生 提 供 领 跑 世 界 的 力 量

BLACK SWAN

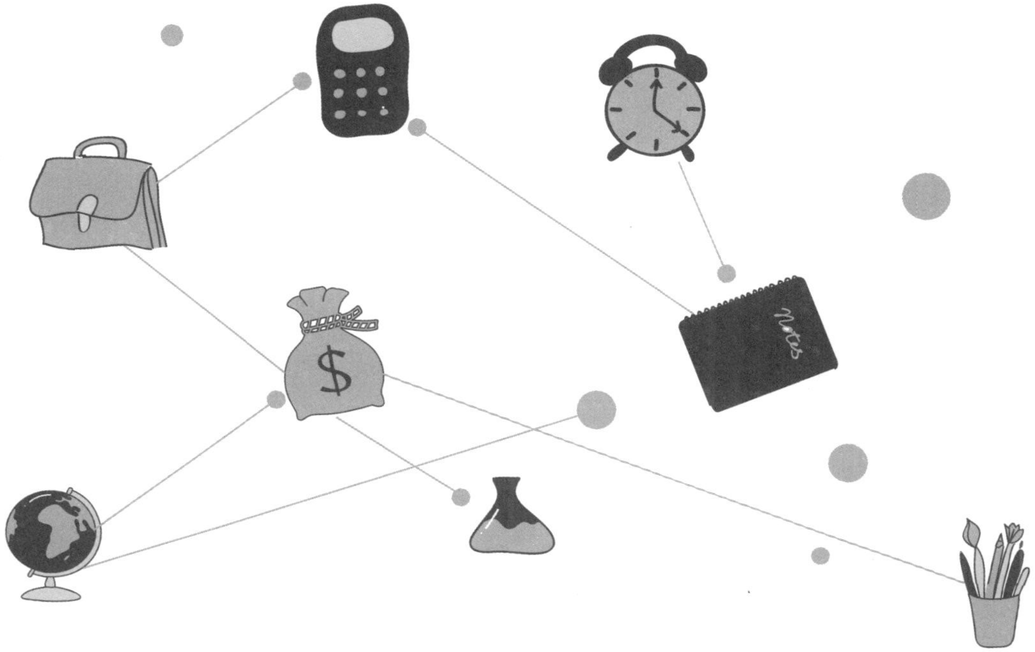

知识变现

萧秋水　剽悍一只猫——著

文化发展出版社
Cultural Development Press

目录

第二章

透析

第三章
准备

第四章 竞争

序言

自由职业态才是真正值得追求的境界

有次参加一个饭局，遇到知乎大V叶落孤舟，我知道他曾经在大学毕业以后，无业游荡了两年多，然后进入某知名互联网公司。

我很好奇，在那两年里他都做了些什么，他说主要是旅行、考驾照、整理书稿、打游戏等，没有多少收入来源，花费主要是靠大学时存下的一笔钱，以及向家里借来的一些。

那么，没有工作经验，又是怎么进入知名互联网公司的呢？他说因为合乎那家公司的需要，相关的业务他有深度了解，他在大学就做过而且写了一系列专栏，在进那家公司前，他花了几个月时间把《炉石传说》（一款卡牌游戏）打到了全球 Top20 的排名。

前者是实践和归纳总结能力，后者是快速学习能力和游戏智商。

作为一个喜欢追根究底的人，我又问他，是怎么快速学习的，他说是看视频、贴吧交流、自己实践、每局都复盘回顾、写帖子总结心得。

叶落孤舟的经历，其实是个案，不容易效仿，但我喜欢搜集这样的案例，因为这些代表了人生的各种可能。

有粉丝告诉我，考研二战可能失利，最近在找工作，可自己一不是应届生，二没工作经验，都快要疯了，我说：

“能力呢？我没看到你描述能力。”

后来我把叶落孤舟的事例讲给留言的粉丝听，他说想知道中间发生了什么。

我说人家是能够证明自己的能力。

他说明白了。

而我遗憾他要经过解释才能明白。

有些人说着对自由的向往，把具体形态理解为自由职业，其实并非如此，不管是全职、斜杠青年状态还是自由职业状态，只要自己能够驾驭，只要具备相应的专业能力，只要自己能感受到乐趣，而非各种不情愿，有选择能力，可进、可退，收放自如，其实就是一种自由职业态，而这，才是真正值得追求的境界，与之相比，自由职业只不过是其中的一种展现方式而已，而且有很多人可能会在进入自由职业后发现，这和自己所想象的并不相同，在经历一段时间的煎熬后，又回到全职状态。

Scalers 有一份不错的正职，业余时间运营社群，即使社群收入非常可观，他也不觉得需要离职成为自由职业者，他喜欢自己的本职工作，在工作中可以获得更多锻炼，也提供给他更高的视野，这样的一种状态，难道不是更好?

斜杠青年的概念大热，自由职业状态有很多诱惑，然而是否适合自己，也还需要好好掂量。不管是斜杠青年还是自由职业，往往都是从对自己手头工作的热爱和钻研开始，都需要付出努力，我们所希望引发的启迪，其实是关于人生的可能性：这不再是古老的年代里那种仅有一条通道的状态了，不是每个人只能沿着一个既定的方向前进，一眼看得到头，在我们面前，是放射性的道路，可以选择全职，可以选择创业，可能成为斜杠青年，可以成为自由职业者，可以选择自己喜欢的事情做，开启多重身份、多面人生!

第一章

大势

引言

海阔天空

在和剽悍一只猫写这本书的过程中，这首歌，经常都会用来单曲循环。

反复倾听一首歌，以及多年来喜欢同一首歌，是可以从中获取力量的。

今天我寒夜里看雪飘过
怀着冷却了的心窝飘远方
风雨里追赶 雾里分不清影踪
天空海阔你与我
可会变（谁没在变）
多少次 迎着冷眼与嘲笑
从没有放弃过心中的理想
一刹那恍惚 若有所失的感觉

不知不觉已变淡

心里爱（谁明白我）

原谅我这一生不羁放纵爱自由

也会怕有一天会跌倒

背弃了理想 谁人都可以

哪会怕有一天只你共我

……

这是一首非常“燃”的歌，有一天，在听着这首歌时，我突然间想到一段话：

我们之所以自强不息、努力拼搏，就是要夺回自己人生的管理权。如果奋斗了十几、几十年，却还是要和不喜欢的人打交道、做不喜欢的事、顺从别人的期望而不是自己内心的想法，每天在不开心的状态中度过一日又一日，那活着还有什么意思？

我把这段话也放进了书中的某个章节。因为这是我心声的写照。

而我另外想说的是：

我和剽悍一只猫，都已经是自由职业者，我们拥有很大的选择权，我们不懈努力也逍遥自在，但是，这还不够，我们希望，作为一个引领者，能够帮助更多的人走向自由。这个自由，不见得一定要成为自由职业者，而是不管全职、斜杠青年，还是自由职业，都可以拥有自己人生的管理权。

所以，我们希望尽自己所能来总结经验、方法、工具，希望愿意奔赴自由的人们，能够有所启发。

这本书比较适用于想要成为斜杠青年和自由职业的知识工作者，以及刚刚成为自由职业者，偶尔会有些迷茫，希望有更大拓展的人群。

虽然有些地方是共通的，比如个人品牌和互联网的应用，对所有人群都适用，但的确不同的人群对于互联网的接受度不同，知识工作者对于互联网尤其是移动互联网的利用率会更高。抱歉，一本书难以面面俱到，对于自由职业这一领域，我们也会持续研究，希望不断有新的成果出现，帮助到更多行业的自由职业者。

我所喜欢的管理大师查尔斯·汉迪曾经说：“这是一个充满新鲜想象力的时代。即使关闭了大门，还有敞开的窗。我们大可不必回头留恋过去的旧事物，跌跌撞撞地走进未来；何不潇洒地转过身，直面一个改变了的现实世界？”

那么，现在，就让我们一起，直面改变了的现实世界吧！

斜杠青年和自由职业，职业定位新趋势！

近来，有一个名词不断出现——“斜杠青年”，越来越多的人讨论斜杠青年，关于斜杠青年，也有不少提问，“你想做斜杠青年吗？”“我算不算斜杠青年？”“怎么成为斜杠青年？”还有一些“××天打造斜杠青年”的训练营不断出现。

一时之间，“斜杠青年”和“直播”“网红”“自由职业”这些词一样，火了起来。

那么，斜杠青年到底是指什么呢？

“斜杠青年”来源于英文“Slash”，《纽约时报》专栏作家麦瑞克·阿尔伯撰写了一本书，叫作《双重职业》(*One Person/Multiple Careers: A New Model for Work/Life Success*)，这个词就出现在书里面。麦瑞克·阿尔伯说，越来越多的年轻人已经不再满足“专一职业”这种无聊的生活方式，而是选择一种能够拥有多重职业和身份的多元生活。这些人在自我介绍中会用斜杠来区分。例如，莱尼・普拉特（Lenny Platt）：律师/演员/制片人。于是，“斜杠”成了他们的代名词。

名片上有“/”，意味着这是个有故事，拥有更多的人脉、技能、社会阅历的人。

其实，斜杠青年并不算是新名词，只不过是一种非常简练的叫法，然后形成了风潮。

比如很多明星往往不止一种身份，例如：

徐静蕾：演员/导演/杂志主编；

任泉：演员/制片人/天使投资人；

赵薇：演员/导演/老板，入股阿里巴巴影业股份，成为阿里影业第二大股东；

高晓松：音乐人/词曲创作者/制作人/导演/脱口秀节目主持人/阿里娱乐战略委员会主席。

很多大咖，也是如此：

李笑来老师：英语培训名师/畅销书作者/互联网玩家/中国比特币首富/社群经济大神；

古典老师：新精英创始人/创业者/生涯规划师/讲师/畅销书作者；

冯唐：曾任医疗公司 CEO /职业作家/投资人；

秋叶：武汉某大学副教授 / PPT 专家 / 实战网络营销专家 / 社群经济大神。

本书作者萧秋水和剽悍一只猫也都是斜杠青年。

萧秋水的斜杠身份是：作家 / 知识管理专家 / 新媒体专家 / 旅行达人 / 摄影达人。

剽悍一只猫的斜杠身份是：简书签约作者 / 独立采访人 / 演讲教练 /LinkedIn 中国专栏作者。

当然他们同时也是自由职业者。事实上，斜杠青年和自由职业往往会存在交叉。

那么斜杠青年突然走红的原因是什么呢？

说起来，这首先是因为时代驱使。斜杠青年、自由职业的出现都并非偶然现象，而是社会发展到某个阶段会出现的必然现象。网络经济的发达，使得越来越多的年轻人不再满足于单一的工作，他们的自主性高于上一代，兴趣广泛，技能多样，具备了从事多重职业的基础。互联网使得人与人之间的连接空前紧密，通过网络可以有很多的兼职机会，也造就了不少新的收入来源，比如微信公众号赞赏等，为很多人创造了新的机会。

其次，行业生态和职场生态都在发生变化。所谓稳定，已经被不确定代替，职场上有太多的不安全因素，企业破产、裁员频频发生，年轻人希望多几手准备，避免被动。只要拥有核心竞争力，拥有多几门技能，对于企业变动、社会变动的承受能力，就会强很多，有恃，则无恐。

特别值得注意的是，后工业时代，服务业将慢慢成为最大的产业，这包括教育、健康、娱乐、文化、艺术、旅游等，未来必将有大量人才涌入这些行业。服务业与工业最大的区别就是，服务业不涉及生产，其交换的大多为个人技能、知识和时间。既然不存在大规模生产，没有很长的产业链，也就不需要大规模合作，很多情况下，个人甚至就能成为一个独立的服务提供商。如今，互联网的发展又为此类服务业的发展提供了很好的支撑，帮助供需双方解决信息不对称的问题，让独立的个体之间能够直接进行交易。

第三，由于房价的巨大压力，年轻人必须不断拓展自己的收入来源，多一份职业，多一份收入，环境因素加上生存压力，使得斜杠青年成为很多年轻人追求的趋势。由于这些年轻人的发展相当励志，也让更多人希望加入到斜杠青年的行列中来。

当然，需要特别注意的是：

斜杠青年并不是指多重的爱好，每一个斜杠后面，都代表了一种生存技能，即能够带来收入的兴趣和特长。

很多人的确爱好广泛，但都不精，也不会受到市场的认可，无法获得收入或社会效益，这样的人，是不能称为斜杠青年的。

斜杠青年是否只是一线城市青年的专利呢？

恰恰相反，二三线城市青年更容易拥有斜杠身份，前提是善用时间。相比一线城市的年轻人，其实二三线城市的年轻人拥有更多可自由支配的时间，如果好好利用，就可以有所作为。著名斜杠青年彭小六，就是从镇江崛起的，而剽悍一只猫，在到达上海之前，也是在重庆发展。

如果不受城市安逸的氛围局限，未来，将有越来越多的斜杠青年从二三线城市涌现，而自由职业者由于少受地域影响，也有可能向二三线城市推移，毕竟，从生活成本的角度考虑，二三线城市的压力要小于一线。

有很多自由职业者都是斜杠青年，正因为他们有多种才能，才会带来足以养活自己的收入，让他们拥有想要的自由。

自由职业者其实已经是个庞大的群体，多见于艺人（演员、歌手、播音员、主持人、舞蹈演员等）、撰稿人（作家或写手）、IT 精英（网络营销、程序员等）、设计绘画类（设计师、画家、摄影师、艺术家等）、顾问（讲师、律师、咨询顾问等）、技师（管道工、水电工、理发师、美容师等）……

还有一类是没有底薪的推销员，如寿险顾问、地产经纪、广告中介、直销人士等。

自由职业者存在于各个行业，而有些行业会特别集中，比如设计、互联网、自由写作等，以从事脑力劳动为主，一般是独立工作，不隶属于任何公司，办公地点、办公时间不受约束，会把一些工作外包出去，但不会雇人，雇人就成了创业了。有些自由职业者可能会抱团，共同组成一家公司，但是关系相对松散，每个人还是独立接业务。

自由职业者也有压力，不过和上班族的压力不同，他们的压力不仅仅体现在不稳定的收入上，还有社会舆论压力，尤其是身边的亲朋好友的不理解。大城市里会好一些，小城市里自由职业者的压力会更大。

但即使面临压力，自由职业对于很多人来说，仍然是不可抗拒的选择。

据《新闻晨报》2015 年消息：

长三角应届毕业生招聘会，虽然是上海地区针对离校毕业生的最后一场大型校招，但人数却非常少。不少企业如中信泰富、上海电力医院等企业的 HR 表示，上午仅有个位数的学生前来应聘。

按照已经出炉的统计数字，理科生就业仍相对容易，文科较难。其中，工学专业对口比例最高为 69.5%，其次为医学。

另外，还有一个数据值得注意，今年从事自由职业的人数增长到 4%，比如在培训机构当美术教师，或在健身会所当教练。也有学生自己找项目，而后形成团队做项目。职场专家分析，“自由职业可以自己缴社保，一周工作两天就行。在打工与自由职业二者之间，更多人会选择自由职业”。

不只是 90 后，80 后在职场上发展到一定阶段，不少人也选择了自由职业。有些人不喜欢朝九晚五的上班方式，有些人不喜欢受到各种管制，有些人不喜欢每天赶地铁，有的人早晨起来一看天在下雨就提出辞职……

这些个性化的理由，对于上一代来说不可理喻，但对于新生代，却觉得非常自然。

他们的成长历程中，没有大的波折，物质丰裕，喜欢自在，不愿意接受这样那样的束缚，一旦觉得站稳了脚跟，就希望按照自己的想法而活。

他们不仅可能选择自由职业，也可能选择不婚、丁克。总之，他们的人生样本，不希望按照别人的想法而活，哪怕是至亲的父母。他们有自己的主张，家里人也无可奈何，经济独立和精神独立，给了他们自由生长的空间。

领英数据显示，在中国自由职业者中，年轻人占绝大多数——年龄在 30 岁以下的人数占到总人数的七成。另外，中国自由职业者人数在年龄分布上呈现出“年龄越大，人数越少”的特点。处于 31~40 岁的自由职业者在总人数中占比为 24%，而处于 41~50 岁之间，以及 50 岁以上的自由职业者数量分别仅占总人数的 13% 和 2%。

此外，中国自由职业者在“自立门户”之前，大多工作年限不长——超过 60% 的自由职业者在拥有自由职业前工作经验不满 5 年，其中 33% 的人此前工作经验在 3 年以下。

在地域分布上，中国自由职业者人数占比最多的大城市前 5 位依次为上海、北京、广州、深圳、成都。然而，分布在这五座城市的人数占比仅为总人数的 26%。因此，从数据上可以看出，在整体上，自由职业者更多分布于中小城市。

其实这样对很多自由职业者来说也是一个很好的策略：通过网络

赚钱，居住在中小城市，各项生活费用相对较低，这就等于是保持着一线城市的收入水平，而在三线城市进行日常消费，性价比更高。

查尔斯·汉迪早就预测到自雇工作者的盛行

查尔斯·汉迪，是我最喜欢的管理思想大师。也许可以这样说，我之所以成为自由职业者，也是因为查尔斯·汉迪的影响。

初读查尔斯·汉迪的书，是在2007年，当时我刚刚从集团总部知识管理部调往新成立的互联网公司，为了适应互联网的节奏，我阅读了大量书籍，其中就包括汉迪的几本，关于三叶草组织、甜甜圈原理、S形曲线等，包括自雇工作者，都对我产生了深远的影响。多年以后，我选择成为自由职业者。

查尔斯·汉迪自己，是在49岁那年成为自雇工作者。

他1976年出版了自己的第一本书《组织的概念》。在这本书中，汉迪指出大多数在组织里工作的人们并不理解什么是组织，组织是怎么运转的，这造成人们工作得不开心，也没有效率。而这也是汉迪自己在组织中工作时的体验。

查尔斯·汉迪曾经描述：

“我曾经在壳牌石油公司工作，在我伦敦办公室的门上，有一块金属的牌子，上面写着我们部门的名称‘MKR.32’；而在底部插有一张塑料卡片，上面写着我的名字查尔斯·汉迪。

“他们从不更换那块金属牌子，而只是更换那张塑料卡片。当我在公司写备忘录的时候，我也从不签我自己的名字，而是署名MKR.32。我的感觉是，他们并不知道我到底是谁，我也不希望在那里与众不同，我只是希望在那里有一份工作。”

汉迪认为，人性是不会改变的，组织会变。技术的发展允许人们用不同的方式来安排工作，他认为，未来将不再需要把所有相关人员都集中在同一时间、同一地点来完成工作。

由此，汉迪引发了新的思考：买下人们的时间然后有效地加以利用，这种做法明智吗？如果人们能够远程完成工作，那为何不直接购买他们生产出来的产品和提供的服务，而让他们自己安排时间呢？这样的组织能够省去监督，节省办公空间，对双方都有利。

必须得说，这样的想法，在当时那个时代，是超前的，然而现在，这些想法，已经成了现实。

1980 年，汉迪着手写他的第二本书《工作与生活的未来》，在这本书里，汉迪谈到了“三叶草组织”概念。

“我觉得现代组织由三部分组成：主叶是由组织中的核心团队构成；第二片叶子是由与企业存在合同关系的个人或组织构成；第三片叶子是指具有很大弹性的专家或者个人，例如兼职工或是顾问。

“最重要的是这三片叶子共同组成了这朵花，他们是搭档，而不只是相互补充。他们不只是具有弹性的劳动力，他们也是组织的一部分。”

优步的组织形式，正是三叶草组织的最好说明。

2007 年读到《工作与生活的未来》，其后的多年间，我目睹三叶草组织成为事实，这也促使我反复阅读查尔斯·汉迪的书。

在《个人与组织的未来》一书中，汉迪深刻反思了他自己的人生经历，探究了从传统的在大公司（大象）长期任职到自由个体（跳蚤）的转变过程。他预言，21 世纪将是“跳蚤”的天下。“跳蚤”的重要组成部分就是组合式工作者，另外还包括微型企业和自由代理商等小型的经济个体。

汉迪说：

“大企业从外面看来规模庞大，但进入内部，会发现它的核心很小，就如同我刚才提到的‘三叶草组织’。这一小核心是由众多相互关联的部门构成，有个人，也有三四人组成的团队。”

他指出，技术的发展允许人们可以作为大象的供应商而不是他们的员工。“这是一种更令人满意的成人对成人之间的关系，而如果作为员工，那就是孩子对永远不满意的家长之间的关系”。

当然，“跳蚤”式的人生，并不是世界的全部，世界是由大象和跳蚤共同组成，汉迪在接受一个采访时指出：“无论你是个人工作者还是几个人组成的小团队，人生是无法预知的。最重要的就是能够跟那些大企业协商签订合同，因为跳蚤需要大象。例如我就像是跳蚤，我写书，但是如果没有那些帮我出版的‘大象’的话，那是毫无意义的。”

汉迪曾经说过，很多人认为人生的意义在于成功、金钱和家庭。

他自己把家庭放在首位，同时也表示，并不是每个人都应当对三者有着相同的排序。他以自己的妻子为例："她有三个不同的角色：摄影师、家庭的管理者以及我的经纪人。有趣的是她会将摄影师的角色放在首位。"对此，身为丈夫的汉迪，并没有异议。

1977年，汉迪的父亲去世了。在父亲的葬礼上，他被吊唁者的眼泪深深打动了，他没有想到自己的父亲竟然触动了这么多人的生命。他开始思考自己的人生目的，并开始郑重考虑要不要像父亲那样成为一名神职人员。在《饥饿的灵魂》一书中，汉迪详细记述了自己的心路历程，"我终于明白，一个人相信人生是什么，生命的意义又是什么，的确是有关系的。在那一刻之前，我一直相信人生的意义在于成功、金钱与家庭，其重要性可能是按这个顺序排的。现在，我仍然认为这些是很重要的，只不过顺序刚好颠倒。"

49岁时，汉迪告别了组织生活，投身"跳蚤"行列，成为一名自由职业者。他曾出任英国技术协会的主席，还主持过BBC电台"今日思想"节目，后来专心于写作和演讲。妻子成为他唯一的工作伙伴。

移动互联网带来的便利

如果移动互联网没有发展起来，很多梦想将无从照进现实。

移动互联网最大的吸引力在于灵活性：人们不再受限制于办公场

所和设备，可以自由移动，随时参与工作。知识经济时代，工作越来越细化，朝九晚五工作制对许多工作来说并不必要，常常造成时间和资源的浪费；越来越多的人开始规划运用业余的时间，出售自己的知识，享受想要的生活。

这是一个充满不确定性的时代，人人都在变化中寻找机遇。越来越少的人像父辈一样，一生只做一份工作。一个人，只要拥有经验、技能，拥有一部手机，便能为自己带来收入。不再需要固定的办公室，没有规定工作内容的合同，工作时间灵活可变，收入还可以赶上一个普通的工薪阶层。

在美国，不在特定场所工作的人们已经占到了整个美国工作人口的三分之一，并且每年以 10% 的速度增长着。

移动互联网能让人们根据自己的日程来选择工作，而不是让工作来安排自己的日程。同时，人们对职业生涯的期许多种多样，并且在一生中的不同阶段会不断变化：兼顾家庭，实现理想，挣更多钱，或者成为某方面的专家……一份全职工作难以满足不断变化和增长的需求，甚至，退休都有可能不再重要，这不仅是老龄化社会所带来的副作用，更有可能的是，人们愿意拥抱全新的人生：终生工作、终生学习，每一天都既勤奋工作也享受生活，而不是把享受放在退休之后。

在移动互联时代，全职工作将不再是一个人的身份标签，或者唯一的收入来源。一个人，可能同时是 Uber 司机、Airbnb 房东、

Instacarter 买手、微信公众号大号、Taskbabbit 达人、当红作家、网络主播、环球旅行家。通过移动互联的各种手段和各种共享经济平台、新媒体，人们可以灵活地交换时间、技能和金钱，找到最适合自己的生活方式，甚至还可以从中交到不同圈子的朋友，包括涉足国外工作圈和生活圈，与世界接轨，获得新的技能和职业机会。面对充满不确定性的未来，移动互联网和共享经济提供了更多可能性，更多元化的职业道路，从而可以抵御潜在的失业风险。

粉丝经济和付费习惯的养成

伟伦是一家大型 IT 企业的普通员工，不过他有一个不普通的爱好：网球。

凭借着多年练就的过硬网球技术，伟伦在业余时间进行网球技术的教授，他的学生中，不乏在深圳工作的国外精英，伟伦既可以从中获得不菲的收入，也在与学员的交流中锻炼了英语，可谓一举数得。

除了教授网球以外，伟伦在业余时间，还运营一个微信公众号“混血王子的笔记”，推荐实用有料的高效工具，每篇文章都可以获得不等量的赞赏，对他来说也是一笔收入。

而这会影响到他的正职吗？不会。上班时间，伟伦全神贯注地工作，不断提升自己的各种技能，他自己花钱充电，然后应用在工作上，在短短的时间内，就已经适应IT行业那种快节奏的工作方式，对于自己在在线课程、在行约见、参加付费社群等方面所花的学费，伟伦一点都不心疼，他相信这是对自己的一种投资，在未来会有可观的回报。

伟伦其实也是比较典型的斜杠青年，粉丝虽然还不算多，但是愿意付费，而他作为别人的粉丝，也愿意付费，钱就是要流动起来，才能够发挥价值。

伟伦所处的这个时代，正是互联网发展到一定阶段后的最好时代，粉丝经济形成，人们愿意为知识和技能付费，因而给知识变现带来可能。一方面，免费时代已经过去了，信息爆炸，知识太过丰富，人们在筛选方面需要花费很多时间和精力，想要快速成长，就需要付费购买知识。另一方面，是人们渴望成功的心理。工作压力、生活压力、房价高企、教育困境、养老难题，迫使人们希望在尽可能短的时间内，获得成就，既然要缩短这个路径，那就必须投资自己。

所以APP上面古典、李笑来、李翔的知识产品都有很多人购买，和菜头也从微信公众号转到得到APP，提供付费文章，仅在微信公众号上做不定时更新。而喜马拉雅上也有很多人开设自己的付费音频课程。

凯文·凯利曾经有过一个"一千铁杆粉丝"的说法，而这个说法正在应验：

"创作者，如艺术家、音乐家、摄影师、工匠、演员、动画师、设计师、视频制作者，或者作家——换言之，也就是任何创作艺术作品的人——只需拥有 1000 名铁杆粉丝便能糊口。

“这里，铁杆粉丝是指，无论你创造出什么作品，他（她）都愿意付费购买。他们愿意驱车 200 英里来听你唱歌。即便手上已经有了你的低清版作品，他们仍愿意去购买重新发行的超豪华高清版套装。他们会在谷歌快讯里添加你的名字，时刻关注与你有关的信息。

“他们会收藏售卖你的绝版作品 eBay 页面。他们参加你的首场演出。他们购买你的作品，要你在上面签名。他们购买与你相关的 T 恤、马克杯和帽子。他们迫不及待地要欣赏你的下一部作品。他们就是铁杆粉丝。”

所以，问题是：

你有一千铁杆粉丝吗？

他们在哪里？

你有哪些产品或服务能够提供给铁杆粉丝？

联盟：互联网时代的雇佣关系

终生效忠于一家公司已经成为历史，雇佣双方都应坦诚创造一个联盟。公司为个人创造价值，个人也能为公司创造价值，甚至个人的人脉也可以为公司所用。

里德·霍夫曼的《联盟》开章明义，给出了这样的观点。

在传统时代，这样的观点可谓叛逆，然而在互联网时代，这种联盟会成为趋势。

在里德看来，用联盟的方式重建雇主和员工的关系非常必要。“商业世界需要有利于相互信任、相互投资、共同受益的新雇佣关系框架。理想的雇佣关系框架鼓励员工发展个人人脉、勇于开拓实干，而不是成为唯利是图的跳槽专业户。”

如何建立联盟，书中有几个最重要的观点：

1. 相互坦诚。

2. 相互尊重对方的价值观和梦想，并一起努力。

3. 制定互惠互利的任期计划，包含双方的权利、义务和利益，并有明确的目标和时间（据书中的意思，就好像足球俱乐部的模式一样，队员干满一个赛季就可以转会，也可以继续留在球队干）。

4. 帮助员工个人的职业发展。

5. 鼓励和支持员工发展个人人脉，并保持与离职员工的相互关注和长久合作。

这是一个不再相互欺骗，而是互惠互利的联盟关系，是个人和组织的利益都可以最大化的新道路。

里德也特别强调了员工人脉对公司有极大的价值。这些价值体现在两个方面：

1. 人脉可以帮助公司收集信息，这些信息是互联网上所没有的，媒体会很感兴趣但是却没有报道的信息。这样说起来有一点微妙和暧昧，和其他公司员工交流的时候，大家在饭桌上总是会有意无意透露一些很有价值的信息——介于不可公开透露和完全保密之间——比如，正在开发的新产品的部分细节，即将启动的新项目，或者正在进行的投融资交易，等等。这些信息无疑会透过员工为自己公司带来非常大的价值，而唯有当员工的利益和公司有更多捆绑的时候，员工才更愿意利用这些信息。

2. 人脉可以为公司带来新的机会、意外发现，某种程度上它也是创新的驱动力。创新往往产生于不同学科和文化领域的交界处，与前面鼓励同行交流不同的是，当员工利用他们的职业人脉或个人人脉与不同领域的人交流时，他们会听取不同背景、不同经历和不同专业领域的朋友的意见，从而可能产生创新。

因为人脉之间流通的信息价值极大，里德在《联盟》里也提出了给雇主的明确建议：设立人脉基金，即使不与业务直接相关，也会报销员工与其人脉的社交餐费——注意，这里指的是非业务直接相关的报销，因为与业务相关的餐费，大多数公司都会给员工报销的。深圳的某家互联网公司就采取这样的做法：员工约见在行行家的费用，公司可以报销一半。因为公司认为，员工愿意付费学习，这是好习惯，不管学习的是什么内容，只要是有利于员工成长，公司都给予支持。

想最有效建立优质人脉，并不是出去约牛人——牛人都很忙的，而且很多人都会想去约见牛人——而是让自己变成牛人。从雇主的角度可以做些什么？鼓励并支持自己的员工成为行业有影响力的专家。比如，当员工获得行业会议公开演讲的机会的时候，或者参加重要行业会议交流的时候，雇主可以为员工报销差旅费；或者干脆帮助自己的员工去争取这些机会，员工在参加行业会议的时候，也帮助企业推广了自身的品牌。

我以前工作的公司，因为有一位知名 IT 博主在内工作，所以吸引了一些他的粉丝，希望加入到公司，我的粉丝也有这样的情况，有的人入职以后第一件事，就是在内部网上找到我的联系方式，希望和我会面，带着我的书来要签名。

这与传统企业的模式恰恰相反：很多企业不愿意员工抛头露面、建设个人品牌，觉得对公司有害而无益，这样的观点已经过时了，新的联盟关系才会形成共赢。

也就是在这样的背景下，新的工作方式也开始出现：企业付费购买的，是员工的知识，而非时间。知识员工的特性和机器完全不同：机器只要听从命令，老实地运转，而知识员工即使面对着计算机，他脑子里在想什么，老板也无从得知。

结为联盟，员工为自己的结果负责，于是也不会再吝惜自己的时间和脑力，完成任务空余出来的时间，既然可以由自己支配，那干吗还要再磨洋工呢?

这样的关系，已经有不少企业在尝试了。

任职于上海某大型 IT 公司的阿德，2015 年在吴江买了一套 90

多平方米的二手房，精装修，带院子，100 多万，比起上海的房价，对阿德来说完全不是负担。

工作还是在上海，不过不用每天到公司。作为骨干，老板特批包括阿德在内的一些员工可以不用坐班，如果没有重要的、必须要面谈的事情，比如一些会议之外，都可以在家里做事。

老板已经想透了，他没能力给员工加薪到可以在上海买房，但员工如果因为这个离开，公司也就亏大了，反正知识员工，最重要的是成果，就算人在公司里，天天对着电脑，不出活那也白搭。

阿德很喜欢这个安排。他去吴江做过几次项目，非常喜欢那个小城市，安静，舒适，古韵悠悠，身在 IT 行业浸淫多年的阿德，觉得自己骨子里还是很文艺的，上海是适合工作的地方，而吴江是适合生活的地方，他分得很清楚。

当我对人们说起阿德的故事，有人说不可能，我们老板恨不得把我们捆在公司里，天天加班他还不满足，哪有这样的好事？

那么阿德是怎么做到的？全凭老板的恩赐吗？

我觉得最主要的，还是阿德的能力，公司不愿意失去他，又不可能给他太高的薪资，毕竟要为成本考虑，所以，能够找到一个共赢的方案，也不错啊！

我以前所在的公司，也有这种情况，有前同事每周在深圳上三天班，其他时间都可以回到珠海的家里。我也相信，未来会有更多这样的情况出现，房价是个现实的问题，其实不仅是住宅，商住楼的房租也让有些企业感觉是负担，如果员工在家中上班而又不影响公司效益，又何乐而不为呢？

毕竟，现在网络这么发达，很多事情并不是非要面对面才能处理。

时代变化了，思维要跟上。

阿德在自家院子里种了不少花花草草，对他来说，一天里最享受的时刻，就是忙完工作以后，舒服地坐在院里的藤椅上，桂花沁人肺腑，沏一壶茶，爱猫花花伏在膝上昏昏欲睡，阿德油然想起“野航春入荻芽塘，远意相传接渺茫。落日一篙桃叶浪，熏风十里藕花香”这样的诗句。吴江的美，江南的好，要慢慢领略才行。

“是的，这就是我想要的生活。”

阿德很确定地对我说。

共享经济的兴起

我刚刚搬完家没几个月。

搬家前，我用阿姨帮 APP，请了几位清洁阿姨打扫卫生，并把衣物和书装进箱子里。搬到新家后，又请清洁阿姨过来打扫卫生，并把衣物、书、厨具、食品等取出来放置好。只要交代清楚，就不须担心会弄乱，毕竟衣物、书、厨具和食品等都是相对标准的东西，反而是一些不好归类的杂物需要自己进行整理。

搬运用的是吉米搬家，在网上下单，分为几个不同的档次，按照自己的需求进行选择，平台确认后，先付定金。第二天，两个年轻的小伙子上门搬运，相当专业。后来了解到，他们是在校大学生，业余时间以这种方式赚取生活费。

吉米搬家和滴滴一样，也是需要抢单的，而且搬运和司机是两批人，也就是大家分别抢单，然后配对，由于有时间限制，所以并不影响彼此间的配合。我感觉是非常满意的，又快捷又方便，也没花多少钱（搬完家后拍照发送到微信号还拿到返利）。总之，近 20 箱东西（包括 11 箱书），一车拉走，前后都负责搬运，总共花了不到 400 块钱。对两位大学生来说，相比家教，这种方式是纯体力，较为省心。

有些人的确是缺少知识和技能进行变现，于是就采用“出售劳力和时间”的做法，比如支付宝上的“到位”，有人就出售“陪跑”服务，可以和附近的人一起跑步锻炼，也有人注册了 UU 跑腿，替人送东西，相比快递，这种送法会更安全一些，毕竟是点对点的服务。说实话，这个社会不会饿死勤快的人。

出门，我一般是用优步，而且从来没花过自己的钱，为什么？优步有优惠码，如果别人用这个优惠码注册并使用了优步，双方都可以获得优惠，反正我有不少粉丝，总有人有乘车的需求，而且优步也不断开通新的城市，就是用这个办法，我乘坐了几百次优步，账户上还有 1000 多块钱的乘车金。然而这又算什么呢？有一位叫兰军的高人，很早就乘坐优步，在自己的微信公众号 BLUES 里推广优惠码，账户上乘车金额最高的时候达到 25 万！

在乘坐优步的过程中，我喜欢和司机聊天，大部分司机都是兼职开车，随自己的喜好。有次遇到一位司机，说得很有意思，他说车放在家里，闲着也是闲着，人放在家里，容易懒散，以前是约朋友一起打麻将，输输赢赢的，家属觉得闹心，现在出门开个车，至少把油钱赚回来，也缓解了家庭矛盾。遇到过不少小企业主，公司情况不算好，兼职优步司机，也算是个贴补。更有意思的是，有些人会在车上放上自己公司的宣传物品，送给乘客，这对他们来说，也是个宣传机会。

小荻老师是深圳最早入驻“在行”的那批行家，通过在行，有 60 多人约见她，而约见她的人中，有的成了她后来的老板，有的成了她的合伙人，还有一位，成了她的男朋友，还有人成了她新公司的监事，简直可以说把在行用到了极致。

在行其实也是共享经济的代表，与优步共享车、Airbnb 共享房子不同，在行共享的是知识。身为孤鹿 CEO 的贝金雨，也在在行上成为行家，提供社群营销等几个话题的咨询，由于孤鹿产品本身就是社群，所以对贝金雨来说，其实在行也是推广公司产品、发展人脉的好窗口。

果壳网 COO 姚笛完成 100 单在行约见以后，在知乎发表体验，说了段非常有意思的话：“100 单的收入其实也不太多，刚好 10 万出头吧。可这10万如果都进了支付宝，想要花光还真可以买不少东西。所以老婆每天抱着手机刷淘宝，家庭必须和谐。即便偶有不和谐，老婆和我妈就会说，‘你说话怎么这么不招人听呢？以后在家别说话，要想说去外面说，还能挣点儿钱……’”看来在行和优步一样，都能在一定程度上起到减少家庭矛盾、增进和谐的作用（微笑脸）。

互联网的存在逻辑是优化社会运行，让一切商业和工作模式的损耗降到最低。互联网配置资源的核心方式是共享，它配置资源的效率大大超过了市场。在传统的市场经济年代，我们往往最在意物品的占有权，为了争夺占有权，人们争先恐后，甚至头破血流。但是互联网提供了一个运作机制，通过以租代买的形式解决了资源的不可复制性，这种使用权的让渡为各方都带来了好处，可谓共赢。

共享经济在高度机械化、纪律化、标准化的社会化大生产之外，给供求双方提供了更自由选择、更自由供给、更个性定制的可能性，一块铁板的传统经济，将渐渐崩裂，成为碎片，再进行有机组合。

为什么年轻人
都想做斜杠

就业难和失业潮

东方网 2013 年 9 月 11 日消息：

“据《劳动报》报道，在 FT 中文网刊登的一篇文章透露，上半年中国调查失业率为 5%，失业率与经济增速、通胀率等指标‘处于合理、可控范围’。这是有关部门首次公开披露这一统计数据。”

这个数据意味着什么？

而根据财经综合报道消息，一份报告警告，随着第四次工业革命到来，超过 500 万人面临失业。所谓第四次工业革命以一系列科技进步为代表，比如移动互联网和云技术、大数据、新能源、机器人及人工智能技术。

报告预测，新一轮工业革命将创造 210 万个新工作岗位，主要领域包括计算机工程、数学。但是，700 万个工作岗位将消失，其中办公室白领和管理岗位受冲击最大。

在这些岗位中，是否包括你的岗位呢？现在不包括，未来呢？

你的工作，会不会被机器替代？

如果有那一天，你怎么办？你有没有培养出新的技能？

我们继续看这篇报道所说的：

“此前，北京师范大学金融研究中心主任钟伟曾撰文指出：从 2011 年以来，中国经济持续下行，但就业状况无恙。

“财经评论员齐俊杰近期的文章中指出：‘失业潮主要体现在制造业上，没有想象的那么可怕，其他行业主要表现在收入下降，企业生命周期缩短上。所以这是韬光养晦的一年，扛过去不折腾是对大家的忠告。’”

在这篇报道里还指出，有四类人群是高危人群：

1.“去产能”行业的员工

2016 年，中国的钢铁、煤炭、水泥等行业面临一场“去产能”的艰苦战役。

2. 大学生

2016 年毕业的中国大学生数量将达到历史最高的 765 万，比 2015 年增加 16 万。据统计，2016 年的毕业生加上 30 万海归和之前没有找到工作的往届毕业生，预计有 1000 万大学生同时竞争岗位。

不过，这群“天之骄子”很可能在2016年不景气的就业市场中沦为弱势群体。

竞争不只是用激烈来形容，应该形容为“惨烈”。很多大学生如果在校时不好好学习，那么，毕业即失业，这不是危言耸听。

3. 农民工

2016年，对农民工群体的就业前景来说，恐怕不会是特别好的年份。因为吸纳农民工就业的两大行业同时遭遇深刻危机，首先是东部沿海制造业，其次是建筑业。

4. 实体店员工

2015年，发改委经济研究所的一份研究报告罕见提到：“尽管网上商品零售、快递等新兴业态创造了部分新的就业岗位，但也必须注意到网店对实体店带来的冲击和显著的替代效应。”

2016年，“网店对实体店带来的冲击和显著的替代效应”只会加强，这或许会迫使不计其数的实体店员工重谋生路。

关于实体店员工面临的境况，这里用一份2016年零售业实体店“阵亡”表格来进行说明：

零售商	关店数
沃尔玛	13
家乐福	5
卜蜂莲花	2

红旗连锁	108
人人乐	5
联华超市	477
京客隆	19
三江购物	27
永旺	1
利亚零售	26
顺客隆	22

就业形势较好的 10 个行业是：

2017 年第一季度 CIER 指数

就业形势较好的十个行业

行业	CIER 指数
互联网 / 电子商务	9.21
交通 / 运输	5.13
保险	5.12
中介服务	4.40
基金 / 证券 / 期货 / 投资	4.18
计算机软件	3.51
农 / 林 / 牧 / 渔	3.15
物流 / 仓储	3.03

IT 服务（系统 / 数据 / 维护）	2.98
房地产 / 建筑 / 建材 / 工场	2.78

就业形势较差的 10 个行业是：

行业	CIER 指数
能源 / 矿产 / 采掘 / 冶炼	0.32
印刷 / 包装 / 造纸	0.36
石油 / 石化 / 化工	0.36
环保	0.37
仪器仪表及工业自动化	0.44
检验 / 检测 / 认证	0.47
物业管理 / 商业中心	0.50
航空 / 航天研究与制造	0.54
电气 / 电力 / 水利	0.56
医疗设备 / 机械	0.58

就在 2017 年的 2 月份，有传言说某大型企业开始清理 34 岁以上的工程维护人员，一时间人心惶惶，这可能是不确定的消息，不过，在这个不确定的时代，有些事情是可以确定的：如果不注意更新自己的知识和技能，就很容易被这个社会淘汰！

创业？别忽悠了！

著名大V杜子建发了条微博：

“不要轻易创业的五大理由：1.成活率极低（从团购创业风潮到APP创业风潮可见一斑）；2.消费环境恶化（竞争更激烈，市场更疲软）；3.创业融资更加艰难（投资人也在寒冬里）；4.创业盲目化趋势明显（低龄化，一窝蜂化更多）；5.创业低能化的更多（没选择，才去创业很荒谬）。”

这些，都是大实话。

媒体可能会倾向于报道那些创富神话，然而一将功成万骨枯，那些挣扎在死亡线上的创业企业，可能并不会获得瞩目，但那是大多数创业公司面临的真实命运。

据IT桔子的数据显示，截至2017年1月中旬，共有1390家创业公司处于关闭状态。江湖流传“中国创业企业的失败率为80%左右，企业平均寿命不足3年，而大学生创业失败率更高达95%”。

因为就业难就去创业？别傻了，的确是有人成功，但这样的成功案例极少，更多人的命运是折戟沉沙。

Paul Graham曾在*How Not To Die*一文里对死亡的创业公司做了分析：一般说来，创业公司死亡，要么没钱了，要么就是关键创始人逃跑，而通常这两者是同时发生的。

我在做投资的时候，曾经拜访过很多创业公司，有不少创业者出自大公司，因为每天加班加点，很少和家人有相守的时刻，希望更加自由地安排时间，于是离职创业，结果却发现陷入了另外的僵局：每天早起贪黑，披星戴月，为了创业项目殚精竭虑，仍然无法兑现和家人相守的承诺，在困顿中挣扎的他们，有不少人也陷入迷茫，但牵扯到公司的未来、对投资人和员工的责任，又不能说停就停。

创业的确可能是通向梦想的桥梁，但是，在创业之初，最好还是三思而后行。尤其是大学生，在创业初期，缺少启动资金，有可能还需要动用父母的血汗钱，然而回报却不见得能如预期，考虑到各种风险，真的不如先去找一份工作，在职场上锻炼几年之后，再考虑是否创业。

就在 2016 年国庆假期，春雨医生创始人张锐因心梗去世的消息集中地刷屏了很多人的朋友圈。张锐享年 44 岁，据说主要因为过度劳累而诱发心肌梗死。但愿这样的悲剧，能够少一些，再少一些。

“创业不是庸人避难所，而是强者的试金石”，这样的话听起来的确是非常振奋人心的，但是凡事量力而行，不是所有人都适合创业，而强者的试炼，也不见得只有创业一种途径。

房价和交通的巨大压力

曾有一段杭州某楼盘开售的视频在网上热传：

工作人员开门让买家入场，人群如丧尸一般破门而入，而且人数越来越多，疯狂地往里面跑着去抢房，生怕抢不到的样子，由于拥挤，画面中间一位男子被门直接压倒，只有两个人帮他脱困，其他所有人都选择从他的身上踏过去。

有人惊叹说，这简直就是电影《釜山行》里的场景在现实中重现。

房价涨幅最大的十个城市，基本都在 2016 年一、二月份开始，房价加速上涨。北京、深圳、上海的房价目前是最高的，2016 年 8 月住宅均价都超 4 万元。

2017 年 3 月，新建商品住宅和二手住宅环比涨幅前 10 的城市：

涨幅排名	城市	新建商品住宅环比价格指数（上月 =100）
1	海口	102.6
2	广州	102.5
3	三亚	102.3
4	厦门	101.9
5	韶关	101.8
6	扬州	101.4
6	安庆	101.4
6	洛阳	101.4
9	贵阳	101.3
9	九江	101.3
9	南充	101.3

涨幅排名	城市	二手住宅环比价格指数（上月 =100）
1	厦门	104.9
2	广州	103.3
3	北京	102.2
4	长沙	101.8
5	无锡	101.8
6	青岛	101.7
7	惠州	101.6
7	天津	101.6
7	福州	101.6
10	秦皇岛	101.5

相应地，房租的价格也水涨船高，生活在一线城市的年轻人，生活成本普遍提高，然而企业的加薪速度却没这么快。

新京报还报道了一个消息：

“2016 年 9 月 20 日，*ST 宁通 B 发布公告称，公司以公开挂牌方式转让两套北京市重点小学本部学区房。媒体分析，如果按 10 万元 / 平方米单价计算，这 2 套房产的出售价格则会高达 2829.1 万元，较目前房产账面价值高出 21.8 倍，这很可能使 *ST 宁通 B 扭亏为盈，摆脱退市风险。”

学区房拯救上市公司，这听起来像个段子，不过却是事实。真是相当幽默啊，不过是黑色的。

由于中心区的房价和房租偏贵，很多人于是转向偏远地区上班，这就又形成了交通压力。

2014 年 11 月 6 日，北京地铁 5 号线惠新西街南口站一名女子遇险后身亡。女子是被夹在安全门和地铁门中间，列车启动后掉下站台。事故因何而发生，并没有看到后续报道，然而上班一族构成的上下班高峰期的拥堵大军所引发的各种问题层出不穷，对于不少人来说，每天上下班如同噩梦，很多人表示“身心俱疲”“青春耗在通勤路”。

记得就在 2014 年的 11 月份，因为散文集《这一生，静待时光检验》出版，我和出版公司编辑一早驱车，前往香河的印刷厂为新书签名，路过通州一带，就遇到了传说中的通州上班大军，单程 50 多公里的上班路程，这真是不敢想象，然而很多人就是这样，日复一日地奔波着。

案例

彭小六：
从三线崛起，迈进一线的斜杠青年

网名：彭小六

性别：男

标签：简书推荐作者 / 知识管理达人

年龄层级：80 后

身份：斜杠青年

一年前，他还是一个普通的上班族。

但在过去的一年里，

他用 3 个月成为简书头牌签约作者；

他用 6 个月从零开始出版了自己的新书；

他一年写出 270000 字；

他的单篇文章阅读量最高 240000+；

他用 5 篇文章就拿到公众号原创。

他曾是——

32 岁 IT 男。

上市公司部门经理。

他现在是——

拆书帮苏州分舵的教育长老。

知识管理和时间管理达人。

阅读进化游戏创始人。

简书签约作者。

行动派产品总监。

人人都是产品经理专栏作者。

手绘老师。

萧秋水：小六你好像一直 32 岁的样子，那个 32 岁 IT 男的标签好像很久了。

彭小六：记得教主大人有个说法，做知识管理的人会永葆青春。

萧秋水：哈哈，的确是这样的，所以我一直 9 岁……说下重要的工作经历？

彭小六：我做过程序员，干了几年之后，为了还房贷业余时间去做 IT 培训，然后从不善言辞到可以连续讲 4 个小时。

萧秋水：房贷之下，有人百炼成钢，有人被压成灰，小六显然是前一种，没想到房贷还有这样的作用。那后来呢？（萧秋水注：一个擅长听故事的人，必须要不断地问“后来呢？”）

彭小六：后来，就去北京做项目经理，加班一年，身体累垮了，回到三线小城市养病，从基层干到部门经理，又不安分开始利用业余时间，写文字卖钱。

萧秋水：你刚才说到房贷，那房子怎样了？

彭小六：我第一次买房子，父亲东拼西凑借给我 30 万。

那时候，我每个月工资到手 6500；一边按揭，一边还要供房租，一个月能剩 1000 块钱的样子。

最难的时候，早上买包子，也要纠结一下，菜包子一块二，肉包子一块五,三毛钱，我也很珍惜。

为了活下去，周末去南京的高校做辅导老师，三个礼拜会赚 1500，路费、住宿费自理。我找学校申请职工宿舍，自己买了张草席，一个水桶，两个衣架，就入住了。

后来还是没能扛得住，把房子卖掉了，我当了两年房奴，最后连房子什么样都没看到。

那是第一次体会到穷的滋味，从那以后，放弃无病呻吟的文艺青年路线，变得务实起来。

上个礼拜，父亲来看我。

我跟父亲说，车子我自己买了，房子的首付我也会自己搞定。

我第一次举杯敬我父亲，男人与男人那样。

很多人问，小六，你怎么做到这样坚持的啊？

我说我没有退路，混不好，我就要找我爸要钱买房、买车——我工作快 10 年了，实在不想让自己看起来像一个废物。

我只能咬牙切齿地坚持。

萧秋水（肃然起敬）：小六好样的！有正职有兼职，干得还这么出色，不过你刚才说加班身体都累垮了，这表明时间似乎还是安排得不怎么合理啊？

彭小六：在 IT 界，做分享是一种常态。我不过是从写技术类文章改变了一下套路，写一些职场技能和干货方法论而已。

时间安排上，都是早上起来看书，写随笔，晚上完成写文章的工作。

工作偶尔需要加班，但是不多，所以我很庆幸我有这样的时间来做这些事情。

时间上，周末的时间对我很宝贵，所以我都是利用周末的时间去周边的城市进行学习。

萧秋水：当初是怎么上的这条船呢？

彭小六：本来是因为在网上写一些读书笔记，给自己做读书总结用的，然后发现我自己写的没人看，很多职场方法点击率狂高，我看了一下觉得，这些我也能写啊，我也是职场老司机啊。

而且我读了很多书，所以我就结合读书的心得和我的职场经验开始写干货了。

萧秋水：方便不方便透露一下兼职收入的来源？这样可以给斜杠青年们一些启发。

彭小六：兼职的收入来源有这些：

网课、书评专栏、微博、今日头条、公众号、线上微课、喜马拉雅、社群分享、企业课程、版权等。

收入不是很稳定，多的话一个月有 10 万，少的话有 4 到 5 万的样子，都是零零碎碎搜集起来的。

坦率地说，这是拼了命来赚钱，都是血汗钱，所以不能只看到赚钱，得看到一路走来的不易。

萧秋水：对！我很认同，记得在你一篇文章里看到你说，有次讲课时间太久，讲到嘴里出血，这个拼劲，我也真是佩服！

那你都拥有哪些核心技能？如何培养的呢？

彭小六：我的时间管理、知识管理和阅读能力都是在社群学习的时候练习得来的。

那时候经常参加打卡群，练习习惯养成，和自己的惰性做斗争真的很有意思，经常被罚钱。

技能练习我有一个小妙招，就是进行主题阅读 + 给别人分享。

培训一般都很贵，我就将市面上能找到的这个主题的书籍全部找过来，然后集中一段时间，比如两周，或者一个月时间进行阅读学习，这样对这个领域的知识有了一个系统的多方位的了解之后，我就开始写文章和做分享，给其他小伙伴讲解这方面的知识，慢慢地，我就成为小专家了。

萧秋水：你认为普通人如何修炼才能成为斜杠青年？

彭小六：我觉得首先得是一个优秀的单杠青年。

斜杠青年需要你拥有核心的竞争力为基础，如果你天天加班，只能温饱，这个时候我更建议你将自己的本职工作做好。

成为职场的高手，再去在业余时间不务正业玩跨界。

萧秋水： 列举一下工作和学习中最常使用的工具？

彭小六： 印象笔记：每天那么多碎片化的信息，全靠它来收集和整理了；

得到：每天早起后，边刷牙边听；

喜马拉雅：罗振宇的《罗辑思维》、梁文道的《一千零一夜》、高晓松的《晓松奇谈》、郭德纲的相声；

知乎日报：每天三次，每次七分钟。

Scalers:
亲身实践了 K.K. 的 1000 付费用户理论的人

网名：scalers

性别：男

标签：游走在口译世界的 IT 从业者

年龄层级：80 后

身份：斜杠青年

他用 1000 天的时间持续写作，累计写文章 100 万余字。

他的文章《年轻人不要老熬夜，做到 12 点就去睡大觉》红遍网络，成为经典案例；

《大学生上课为什么要认真听讲》被人民日报、团中央等 1000 多家公众号转发。

他不仅利用业余时间写作，还运营付费社群：

从 2014 年开始，至今持续三年有余；

从 400 多人，稳步发展到 1400 多人。

他学的是计算机，对口译却有特殊热爱。

他带领社群产出的许多作品，在翻译领域传播广泛。

他是游走在口译世界的 IT 从业者。

他是 1000 天持续行动计划发起人。

他是 ScalersTalk 成长会创始人。

他是 Scalers。

萧秋水：神秘的 S 君，说，多大年龄？

Scalers：秋水老师你这是审讯吗？这书上市前，我还不到 30 岁。

萧秋水：这严谨度……真是 S 君的典型作风。姓名？

Scalers：Scalers。

萧秋水：服了，我还以为你会冲口而出本名。为什么叫 Scalers？

Scalers：Scaler 就是攀登者的意思，加上 s，一来不容易重名，二来也是一群人的意思，正好合乎成长会的主题。

萧秋水：你的自我介绍是：Scalers，游走在口译世界的 IT 从业者，1000 天持续行动计划发起人，ScalersTalk 成长会创始人，那你是 IT 的什么从业者？

Scalers：和数据分析有关。

萧秋水：S 君，这样太不好玩了，能不能不要这么枯燥？说点好玩的故事来听听。否则读者看不下去啊！

Scalers：好吧……2012 年我读凯文·凯利的《技术元素》，里面提到了 1000 人付费理论。主要的观点是，如果有 1000 人愿意给你一天自己的收入，那独立手艺人就可以依靠这个专门生产工作。当时我就想，如果我也能做到这样就好了。

三年之后，我利用业余时间，完成了 K.K. 的 1000 付费用户理论。

萧秋水：S 君很有钱啊，有正职还有 1000 付费用户……为什么会在正职之外从事兼职？

Scalers：想做一些更有意义的事情，对自己要求更多一些。

萧秋水：好像你本职工作就很忙啊？怎么合理地安排时间？如果本职工作也经常需要加班，又如何在业余时间进行兼职工作？

Scalers：时间主要通过早上和晚上，来完成自己的任务。

面对工作加班的情况，尽可能快速地处理完成。但是我在工作上会做一些提前量，可以挡掉许多不必要的加班。加班完成后，做自己的事情。

萧秋水：为什么选择了这样的兼职？是因为怎样的契机？

Scalers：我觉得这也不算兼职，就是个业余的爱好，另外，这不是我自己的选择，我的选择是，开始持续写作。之后就是在持续行动中不断展开的图景了。

萧秋水：那你觉得自己拥有哪些核心技能？是如何培养的？

Scalers：英语，从读书时代一直练出来的。

逻辑，工科的科研训练。

写作，写了 1000 天写出来的。

萧秋水：你认为普通人如何修炼才能成为斜杠青年？

Scalers：我个人认为，先把一件事情做好，才有最大的可能性。很多人其实不够专注，焦点散漫，于是低水平重复建设。而只有你先持续做好一件事情并且能不断提升，才能有更多的可能性。

萧秋水：工作和学习中最常使用的工具是什么？

Scalers：我随身带计算机，所以在手机上使用工具的频率低。

手机上会用 Doit.im 和网页同步。

电脑上用 Office 工具，以及 Python(x, y) 的集成工具。

萧秋水：咦，那是不是就因为这个使用手机上工具少的习惯，所以手机就不会起到干扰作用？

Scalers：可以这么说。

当话痨遇上惜字如金的人，那也是没辙，其实 S 君很能说也很能写，而且经常有金句出现，所以特别附上几句我特别欣赏的话：

人的认知往往与局部经验紧密相关
但你在开口下结论之前
一定要先想想有没有其他可能性

核心能力与热闹无关，不过时、不褪色
核心能力是每个人要独立面对的问题

持续行动的能力是可以训练的
而训练的方式，就是持续行动

可以用思路的时候，不要用技巧
可以用脑力的时候，不要用体力
可以提前做的时候，不要一直等

公众号：ScalersTalk 成长持续论
（微信号：scalerstalk）

邹鑫：
时间管理的小强升职成了自由职业者

姓名：邹鑫
性别：男
标签：时间管理专家/工具书作家
年龄层次：70后
身份：自由职业者

他19岁就进入国企上班，一个普通的IT男。

他从2007年开始实践时间管理方法，并把经验分享在博客上。

这个博客到现在已经写了10年，发布文章量800+，订阅量100000+，单篇阅读量120000+。

2009年出版时间管理工具书《小强升职记》，豆瓣评分8.7，再版21次，销量110000册。

2012年从国企出来成为自由职业者。

他现在是10年时间管理实践者。

故事工具书作家。

时间管理讲师。

“IM 手账”时间管理笔记本创造者。

萧秋水：邹鑫，我们好像已经认识好多年啦！还记得那年我去西安，咱们第一次会面。

邹鑫：是啊，那个时候我刚成为自由职业者不久。

萧秋水：记得你以前在国企是吧？

邹鑫：是啊，我从 2001 年开始在一家国企做 IT，从“程序猿”到网络维护到项目管理到产品经理，2012 年从国企出来。

萧秋水：很多人都舍不得离开国企，毕竟比较安稳，你是怎么下决心的呢？

邹鑫：因为自由的感召吧……哈哈，玩笑话。不过自由职业者比较自在，这是我向往的状态。不想继续在国企待着，而且出来也能养活自己。到现在四年了，还是觉得很好。

萧秋水：哈哈，身为时间管理专家，你是怎么和时间管理结缘的呢？

邹鑫：说来惭愧，结缘是因为我时间管理做得不好……2007 年的时候，我的老板送我一本时间管理的书《搞定 1》，希望我提升一下时间管理方面的技能。当时我虽然时间管理做得不好，不过有个不算优点也不算缺点的特点：傻傻去做，所以我按照书里的方法去做，并且把实践经验专门建立了博客进行分享，写了一年时间，2008 年，我的博客就有 3 万多人订阅，这时候出版公司来找我，问我能否写本书，于是我从 2008 年 5 月到 10 月底，5 个月的时间写了一本 20 万字的书，平均每天写 1000 多字，我现在都难以想象。

萧秋水：咦，那让你 5 个月就完成这本书的动力是什么呢？

邹鑫：我 11 月 2 日结婚，所以我想把这本书稿当作礼物送给我老婆。

萧秋水：哇，原来还有这么浪漫的故事！

邹鑫：书出版之后豆瓣评分 8.5，还算不错，于是，就有公司邀请我去讲课，这算是多了个赚钱的途径。2012 年 3 月，我从国企出来，成为自由职业者，继续写文章和做时间管理讲师，有意思的是，一个月后，也就是 2012 年 4 月，我的领导也从国企出来，他当时已经在北京成为集团总公司的处级领导，听说是集团总公司第一个辞职的人，然后以 42 岁的“高龄”开始互联网创业，后来我问他：“你知道吗？当初你送我的那本书改变了我的人生。”他的回答是：“其实那本书我同时送给了三个人，只有你的人生改变了，所以，是你自己改变了自己的人生！”

萧秋水：那你现在的工作来源是什么？

邹鑫：我的工作主要是时间管理讲师，接触客户的渠道有两个：

首先是我的书：因为我出版了一本时间管理入门书《小强升职

记》，有一定的影响力，所以各个公司的总经理或者 HR 看到书以后会邀请我到公司做时间管理的内训课。

在线课程方面是和各个平台合作，比如智联招聘、赤兔、馒头学院等，甚至有绘本馆、妈妈群邀请我做讲座，这些也是基于我在时间管理方面的影响力，为此我开发了一个 21 天的系列课，就像 U 盘一样跟各个平台对接，这算是我的在线课程。

其次是我的博客和公众平台：我从 2007 年就开始写时间管理的博客，现在是微信公众平台，这都是我和潜在客户接触的渠道。

萧秋水：那你觉得自己的核心技能是什么？

邹鑫：是写作，一个是写的时间长，从 2007 写到 2016，我想还会继续写下去。另一个是我的写作风格是简单实用，告诉大家一步步怎么做，不讲太多大道理，这个和其他人有点不同。

萧秋水：那现在对于收支情况是否满意？最主要的收入方式是怎样的？

邹鑫：收支情况满意，对收入模式不太满意，目前最主要的收入方式是讲课，包括企业内训和在线课程，未来希望主要收入是产品，我会做一些工具，比如纸质笔记本之类。

萧秋水：笔记本这个市场还是不错的，很多人还是习惯用纸质笔记本来记东西，因为方便。那你觉得做自由职业者的好处是什么？

邹鑫：可以自己支配自己的时间，有利于工作生活的平衡，做自己喜欢的事情。

萧秋水：那你觉得有啥坏处吗？

邹鑫：我觉得好坏都是相对的，并且因人而异。

对于事业狂来说，坏处是整个人容易失去平衡，工作和生活的界限消失，没有了上班和下班时间，很有可能会花大量的时间在事业上，而顾及不了其他。

对于追求舒服的人来说，坏处是需要做自己不喜欢的事情，原来按部就班做个螺丝钉就行，虽然谈不上喜欢，但也不会讨厌，实在讨厌了就辞职，但现在自己就是公司，自己就是CEO，没办法换公司也没办法辞职，所以不喜欢营销得做营销，不喜欢定位、商业模式这一套，但自己得学。

萧秋水：打算做多久的自由职业者？

邹鑫：我从雇员走出来后，就打算做一辈子自由职业，同时抓住一些投资的机会，做到财务自由，我不想去经营一家企业。

萧秋水：同感同感，做企业好累的，要操很多心。那有没有对自由职业者们想说的话？

邹鑫：这是一条少有人走的路，既然做出了选择，我们就承担相应的责任，体会随之而来的乐趣。

萧秋水：大家肯定都关心你最常使用的工具，来，剧透下吧？

邹鑫：清单类：滴答清单

资料管理：印象笔记

日程管理：手机自带日历

写作：Ulysses

精力管理：Flat Tomato

健康管理：Keep

公众号：时间管理实践者小强

（微信号：shijianguanli2015）

第二章

透析

引言

每个人都可以是自己的人生设计师

Y 君通过在行约见我，聊完正事后，他问我要不要听听他的故事，非常狗血。

我说好啊。

他来自三线城市，大学毕业后，听从父母的安排，进入一家事业单位，安安分分地工作，因为不善应酬，不被领导喜欢，自己也不开心，但是这是父母要的安稳，于是就忍着。

到了适婚年龄，父母一再催婚，有人介绍了一个女孩，两边家里希望亲事能成，虽然他对女孩无感，父母说，不就是过日子，和谁都一样。相识一个月，手都没有牵，在两边父母的催促下，注册结婚，也订好了酒席等一切事宜。

他闷得厉害，想外出旅行，或者西藏，或者以色列，最后，他去了以色列。

回来后，他辞了职，成为自由职业，并且，要求退婚。

我瞪大眼睛，觉得不可思议。问他在以色列遇到了什么。

他说，其实也没有什么，他只是觉得震动，看到了不同的世界，感受到来自上帝和内心的呼唤。

“等等，”我问，“你是基督徒？”

他说不是，但他是信上帝的。

“这有点矛盾，”他说，“不过真是这样。我知道对不起那个女孩，然而我真的没办法和不爱的人一起生活。”

我点点头，想起自己的际遇，我有同感。我理解他的决定。

他说，费了很大力气，包括让两边家里相信，不是因为其他人，而只是他自己的意愿，他不想结婚，并且做了经济赔偿，他结束了这段并未开始的婚姻。

这有点荒谬，其实他没结婚，然而已经是离婚的身份。

我告诉他，这其实是一种“觉醒”，在长期被安排的命运中，他的自我一直潜藏着，以色列是一个诱因，他的自我出现了，而这个自我的出现，和年龄的增长也有关系。

他点点头表示认同。

如今的他，坚决而又充满热情，他费了那么大的力气，摆脱了种种障碍，如今，他要全力朝自己想要的未来飞奔。

我相信他会设计好自己的未来，毕竟，他如此勇敢。

我曾经遇到过不少年轻人，有闯劲儿，但也会受到家里的牵制。

曾经有个男孩询问我，说遇到一位非常优秀的女孩，两人相爱，然而男孩出身潮汕家庭，父母要求必须听从家里的安排结婚，不能自由恋爱，说他和女孩八字不合，他不想放弃女孩，又需要家里的支持，来问我怎么办。我说，如果你生活在这个时代还相信八字，那简直是辜负了你所受的高等教育。

不知道他们后来的故事怎样，不过我想起来就觉得惆怅。

怎么能够身在移动互联网时代，心却还在农耕时代？！

我刚刚读完一本叫《游牧东京》的书，作者米田智彦做了一个“生活实践”项目——不住在家里，也没有在固定的办公室里工作，而是仅依靠一个拉杆箱在东京游走，与他人共享大都市的所有功能。这个生活实践进行了一年，然后米田智彦写了这本书，从自我、工作和生活三个方面谈“人生设计”。虽然说的是设计，但是核心观点是不要固守僵化的人生计划。自我应该是“多面性”的，永远比社会、教育、媒体等灌输的选择和家人、朋友和同事打的标签有更多的可能性，抱着开放和包容的心态，再加上一点坚持，就能创造更多机会。

设计自己的人生，而不是按他人的期望而活！

够格加入
斜杠行列吗

一个优秀的斜杠青年，其实首先应该是单杠青年，也就是有自己的核心优势。

比如我的核心优势是知识管理，几乎所有的其他技能，都因为知识管理而衍生。

比如剽悍一只猫的核心优势是演讲，其他的技能，也是以这个为基础。

这个单杠，就是立身之本。

要想成为斜杠青年，其实第一职业是非常重要的，我们在前面讲过，斜杠青年往往是很热爱工作的人，这个工作也往往包括了本职工作，他们通常是在本职工作上小有成就，才去开辟第二个领域，当然也会有特例，比如有些青年是从了父母之命，进入自己不喜欢的单位，每天只要按要求做事，对工作并没有热情，在业余时间发展自己的特长，渐渐玩出品牌。

我曾经遇到过一个80后，初中毕业，进富士康打工，白天干活，晚上自学编程，后来开发出一款APP在苹果商店出售，不仅赚到了可观收入，还考取了苹果认证培训师，后来就从富士康离职，并没有成立公司，就是一个人，开辆车，当时也没买房（后来没再联系，不知道怎样了），但是很自由自在。当时我在做投资，邀请他到我们公司工作，他不去，说适应不了大公司，就喜欢现在这样，反正生活很好，没必要受约束。

当时，我问他：如果你这个APP卖不动了怎么办？

他不以为意：那就再开发一个。

真是有志气的年轻人啊！

他是有底气，不是狂妄。

身为斜杠青年的知名自媒体“一万口新鲜”的运营者、美女作家野象小姐的看法是：

1. 好奇心很重要。有了好奇心才能产生诸多兴趣爱好。

2. 野心很重要。有了兴趣爱好，不想只是玩玩，而是做出成就，就必须有企图心。

3. 自我管理很重要。如果你是一个热爱“葛优瘫”的人，就不太适合做斜杠青年。兼职或自由职业，一切全靠自觉，如果没了时间约束，又缺乏自我管理能力，只会变本加厉地懒。

要想成为斜杠青年，我和剽悍一只猫的建议是：

1. 先做好单杠青年，有自己的核心竞争优势。

2. 做好自我投资，毕竟，开拓另外的领域，需要时间、金钱和精力的投入，需要不断去学习知识、练习技能，陷入思维瓶颈的时候，还需要外出旅行一下，拓展视野。

3. 做好一样，再攻一样。通常来说，一个人的精力有限，不可能同时开展十条战线，最好是攻下一城后，夯实基础，再向新的领域进军，再下一城，如此不断前进，慢慢地，斜杠就会越来越多。然而斜杠太多也不是好事，最好是过硬的斜杠，有可证明的资质，比如想要成为作家，至少得写过几本书而且销量还不错，比如想要成为网红，至少粉丝得过十万。

4. 自我管理非常重要。优秀的斜杠青年，恰恰是懂得边界的，每一个斜杠身份都很慎重，自我约束能力和自我管理能力都很强，懂得如何合理地分配时间和精力，包括人际关系，也会打理好自己的知识体系。

5. 不断开发自己的潜能。很多人之所以不能成为斜杠青年，并不是不具备能力，而是缺少勇敢探索的精神。是知道分子而不是知识分子，只会说不愿意动手，兴趣广泛但浅尝即止，这种情况下是没办法深挖成为斜杠青年的，所以必须要不断地寻找自己的兴趣爱好和潜在能力，对于每个领域的追求，都应该是深入的，达到专业水准，达到市场的认可，建立自己的价值回馈系统。

既然优秀的斜杠青年首先应该是单杠青年，那么，如何通过知识管理修炼成单杠青年呢？

一个人的合理单杠能力结构需要包括两大部分：

基础能力和专业能力。

如何提升基础能力

基础能力包括阅读能力、思考能力、写作能力。

这三大基础能力依次是知识的输入——吸收转化——输出。基础能力有一部分已经在学校教育中完成，当然，毕业以后还是需要不断提升。阅读能力中也包括了语言能力，因为如果你能够多掌握一种语言，尤其是像英语这样的世界性语言，就可以通过阅读原文而不是通过别人的翻译，可以更快更直接地获取知识。写作能力类似，如果你能够熟练地使用英语写作，那么你的社交网络将得以扩大，影响力也可以随之增强。

一、如何锻炼阅读能力

推荐经典书籍《如何阅读一本书》，把这本书吃透，请注意是“吃透”啊，阅读能力就会有大幅提升，其次推荐赵周老师的《拆书》系列：

《这样读书就够了》

《拆出你的沟通力 I》

《拆出你的沟通力 II》

关于阅读速度提升的工具，推荐舒尔特表格，通过这个练习，可以扩大视距，一目多行。

其实读的书越多，知识积累越丰富，速度和质量就都会提升，很多人读书慢，是因为读的时候一字一句地默读，而且理解能力不足，所以经常需要停下来思考，而如果读书多了，理解能力增强，也改变了默读习惯，阅读能力自然就上去了。

关于默读习惯的改变，可以尝试在读书的时候，用手指或笔杆指着要读的内容，并且以适中的速度移动，让眼睛跟上移动的速度，把注意力放在眼睛上而不是口唇上。

另外，写书评也是增强阅读理解能力的好方法，不过需要注意，书评不是读书笔记，尽量不要照抄原书内容，而应该是以自己的理解、感悟为主。

二、如何锻炼思考能力

推荐五本书籍，从易到难（豆瓣豆列地址：https://www.douban.com/doulist/44255360/）：

1.《麦肯锡入职培训第一课》

这本书非常基础，可说是入门书，书的篇幅不长，基础概念都已经包括，而且讲得深入浅出，对于职场新人或者感觉思考能力较弱的人比较适合。

也不要因为简单而小看，能把复杂的事情说得简单又有用，这也是一门功力。

2.《轻松学会独立思考》

这本书重在“轻松”，所讲的内容和《麦肯锡入职培训第一课》有交叉之处，不过更深入和全面，用很多贴近生活和职场的案例，讲透独立思考，可算是进阶书，其实并不需要有基础，不过对于很多人来说，可能一看书的厚度，就止步不前，其实，厚并不代表枯燥，大量的解说、作业布置，让人更易于掌握独立思考的技能。

3.《思考的技术》

大前研一的这本书，是思考力的普及书籍，是很多咨询顾问的案头书，当然其他行业一样从中学习。书中也提到麦肯锡的一些思考方法，事实上，麦肯锡方法的确影响到很多人。不过在此基础上，大前研一也有自己的总结和发挥，言辞犀利，既有微观也有宏观，角度全面，这也和大前研一的经历相关，毕竟他是为某些国家做过顾问的人。

4.《思考，快与慢》

这本大部头的书已经走向思维的深层，如果愿意从这里作为独立思考的切入点，其实也不错，就好像先攻克一座大山，小山头自不在话下。不过考虑到对很多人来说，思考的技术学习也还是有个先后顺序，所以把这本书排在后面。这本书读起来的确比较费劲，但是如果能够在读书的过程中多思考、多应用，把每一个知识点吃透，那么思考能力自然会上一个很大的台阶。

5.《比知识还多》

这本厚达470页的书，含金量很高，它不是一般的讲解，而是包括了训练。尤其是第二部分，介绍了完整的CoRT思维训练课程的60个工具，详细解释了从思维的广度、组织、交互、创造力、信息和情感、行动等六个方面的思维技能。通过这种训练，可以帮人搭建起整体的思维框架。必须要经过反复练习，才能掌握这些思考工具，但掌握之后，终身受益。

爱德华·德·波诺是思考技术界的大师，如果觉得即使有了前四本书的基础，啃这本厚书也有点难度，可以先从他另外的书看起，比如《六顶思考帽》。

三、如何提升写作能力

秋叶给出了三个写出高质量文章的密码：

第一个密码不是多写，而是确定写作的质量标准。

很多人以为要写出好文章就得多写多练，这当然是必要的，但是多写多练并不是写出好文章的充分条件。

这就好比普通人坚持跑步，每天慢跑10公里，因此坚持20年，是很厉害。且不说他去做马拉松运动员，他就一定能成为一名跑完马拉松的人吗？

量变并不一定引起质变，是有条件的量变才能引起质变。

很多人坚持写作，坚持输出，你更可以理解为他通过写作自我减压，他通过写作自我暗示自己在成长的路上，但无论如何，他并没有对写作进行刻意练习。

刻意练习第一条就得确定你练习要达到的目标。

如果你觉得自己有运动天赋，准备做一个运动员，教练一定会问你：

要不要做个评测看看你适合哪种类型的运动？你需要先在多长的时间里面达到一个怎样的水平以确保进入下一轮竞争？你对标的对手是谁？你每天要保持多少时间多高强度的练习？为了确保你的训练质量你是否要定期参加一些对抗赛？

同样，如果你准备训练自己的写作水平，一定也要像一个教练一样问自己：

你写哪个方向？准备用怎样的类型写作？对标的高手是谁？你计划通过多少篇的练习达到何种水平的输出质量？达到怎样输出质量的文章你才对外分享？

一切只谈初心不谈标准的成长都是自欺欺人。

第二个密码依然不是多写，而是多看。

想好写什么文章，可以先写，也可以看别人怎样写再模仿写，都可以。但无论如何一定要多看。

比方说我准备写影评了，首先会自己想想怎样写，好选一个不同的点切入。然后我带着构思就会翻别人写的影评，看看别人的立意、切入点、选图、联系的案例，还有金句，包括整体的框架，对比后会发现不足，然后就知道改进的方向。

要进行这种学习要有意识地对比式地看，而不是仅仅满足于我今天浏览了多少篇文章，这是很肤浅的阅读。

看完你要能说出一篇文章好在哪里，不好在哪里，要能看出你和作者在阅读面、阅历面上的差距在哪里。

这样的看才能帮助自己找到差距，进而通过有追赶目标的写作来提升自己的写作质量。

但是很多人的写作太容易陷入抒发自己的情绪，把自己的感悟一口气写出来，很过瘾，很解气，但这种质量的文字能发出来吗？有没有一句话让大家看完可以回味的，不至于因此觉得我在注水，没有诚意？我和高手的差距有没有通过这次写作有所缩短？

作为一个普通写作者，我个人觉得是需要和自己的文字保持一点距离，这样才能在写作过程中思考。

多看还要解决两个问题：第一要看真正的好文字，看真正优秀写作者的文字，反正我不是，我这个水平只能算码字；第二要看不同类型的写作者的好文字，避免形成写作路径的依赖，广义的多看也包括看电影、听音乐，一切艺术都可以激发写作的灵感。

这也是多看的另外一个价值，帮助自己找到写作灵感，打开写作思路。

第三个密码依然不是多写，而是多想。

自从前几年流行自媒体，最近两年开始高喊内容创业，越来越多的人拿起了笔，仿佛自己也握住了一块闪闪发光的金砖。

再坚持日更100天，不知不觉写作10万字，不小心也拿了一个简书或者微信原创认证，感觉都要上天了。

写作遇到瓶颈，赶紧去报几个写作班，长进还是有的，就是标题党一个比一个厉害，但问题是内容创业，拼的是内容。

好的内容要来自你对一个问题进行深度的思考，有逻辑的思考，思考完成后最好不仅仅指出本质的问题，还要提供合适的方法。

一个晚上就能写出来的干货，如果不是因为你过去有足够的积累，只怕是因为看了几本书有点感悟，把书中的观点加上自己的故事就变成了文章，或者是拼凑一些观点变成“你不得不知道的五件事”一类的标题党。

这些都不是深度思考，所谓深度思考，首先你要对基础的概念做明确的定义。

比如回到我们今天的问题，我倒是要问大家，什么是写作？什么是有质量的写作？什么是长期保持有质量的写作？

你要真能把最简单不过的概念搞清楚，很多话题你已经能写过大部分人了。更不要说每当你提出一个观点，主动去质疑，进而引发更多更深入的思考。

比方说，大部分人都建议多写，我今天的文章就用三个建议告诉你，多写未必有用。坚持日更100天的比比皆是，没有十万也有一万，有几个人写出来了呢？

请注意，要提升能力，只读书是不够的，需要反复训练，才能真正提升，比如阅读能力，如果阅读的速度和质量上不去，那么学习能力也谈不上很高。而思考和写作更是需要练习的事情，这些练习，其实可以结合工作一起进行，即：根据自己的职业生涯规划和人生目标来确定阅读范围，并注重实践。

除了读书训练以外，接受培训、包括系统的成人教育，比如MBA等也是有效的，现在在线课程和学习社群也很发达，系统地学习课程和参与课程也是吸收知识的好途径。

如何提升专业能力

专业能力往往不能单纯靠读书和培训完成，通常是要在工作任务中才能得到锻炼，尤其是团队协作能力和职业精神，如果是一毕业就成为自由职业者，就有可能缺少在工作单位中才能够获得的磨炼机会。

野象小姐说，她刚毕业的时候，作为职场新人，除了写作什么都不会。除了学习写策划案，与客户、设计师、领导沟通外，对她来说最大的挑战是当主持人。因为学生时代不爱参加社团活动，没有任何舞台经验，然而她人生第一个要采访的对象竟然是导演九把刀，而且准备时间只有两天!

那时,《那些年我们一起追的女孩》正火得一塌糊涂,虽然野象小姐知道这是一个很好的机会,但还是对当时的领导说自己做不了。她很庆幸,遇到了一位好领导,领导问为什么做不了,她说没有经验很怕搞砸。领导就笑着鼓励她说:“任何人都是从没经验到有经验的。面对一个挑战,无论胆怯还是回避,它都会来临。不如硬着头皮试试,等你克服了胆怯,完成了任务,心情恢复平静,其实也不过如此。”

于是,野象小姐暗下决心要做好这件事。九把刀写过上十本书,惊悚、悬疑、爱情、都市什么题材都有,两天内读完是不可能的,于是就看他的人物采访、故事概括,采集金句,在有限时间内列出了采访提纲。过程中还要做活动发布、宣传物料、广告对接、控制曝光节点。到了现场,似乎也忘了紧张,训练了控场能力等。

经历了这场磨炼,野象小姐的感受是,人的潜能是无限的,不要轻易给自己下定义贴标签,因为你没试过,面对较为狭隘的自己,实际上不知道自己擅长什么不擅长什么,你要做的是克服恐惧,勇敢尝试。

另外,在有限的时间内,想多线程地完成工作任务,需要根据重要程度、时间进度、合理分工做计划并严格执行。

所以我们的建议还是充分运用工作本身给予的机会,当然也要讲究方法,想要让自己的专业能力获得快速提升,我们的建议是:

1. 构建专业知识地图（知识树）

每一个领域、每个岗位都有自己的专业知识地图，有的可能已经存在，可以根据自己的情况采用，有的可能需要自行总结。

知识地图是动态的，需要不断对其中的知识进行更新，而非固定不变。

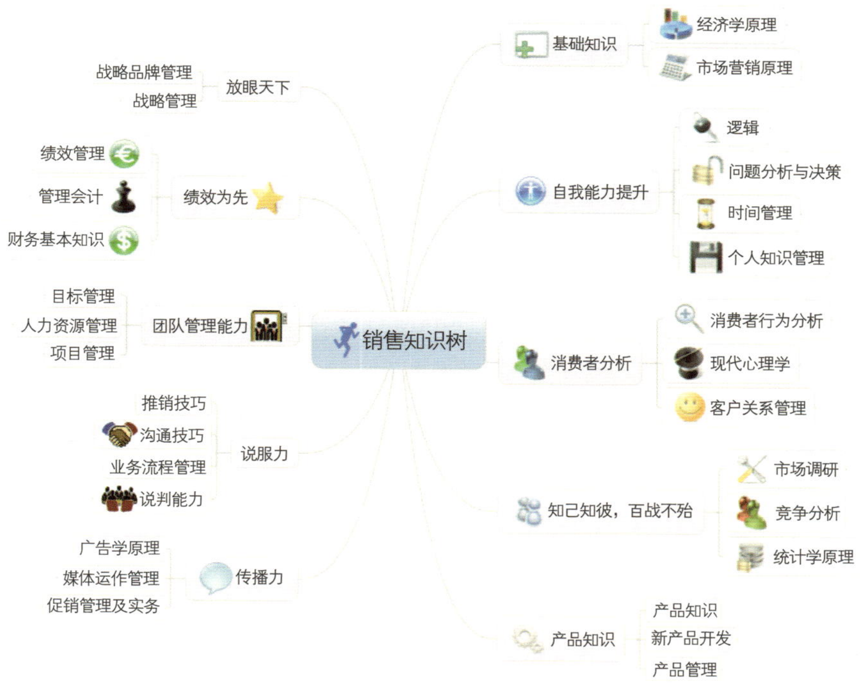

上图为销售岗位知识地图范例

2. 取得相关资质

几乎在每个领域，都有相关的资质，比如注册会计师、心理咨询师、国家理财规划师、特一级厨师、英语六级、潜水证等，通过学习、考试获得这些资质，本身既是能力的证明，同时也会在学习的过程中获得专业能力提升。

然而也并不是取得相关资质就够了，那也只是长征中的一个节点。比如，很多人取得了心理咨询的证书，然而并没有面对面心理咨询的实际经验，这种情况下也是难以被信服的。

3. 不断积累案例

不管是哪个专业领域，都需要多和客户接触，多做项目，尤其是不同的项目，从中总结共性和个性，不断增加自己在这个领域内的经验值。有些人做项目的时候并不用心，每次都套用一样的模板，试图用一种方法解决所有问题，这样是没办法积累起丰富经验的。认真地对待每一个项目，认真地总结每个项目的得失，才会获得快速有效的成长。

4. 达到一定年限

比如在行就规定，法律专业，想要成为在行行家，至少需要有五年的法律相关工作经验。这种年限，其实也是专业能力的证明。当然年限只是一种参考，如果是混日子的年限法，其实含金量也不高。

5. 尝试撰写专业书籍

不见得要出版，但是可以依据自己对专业的理解，尝试撰写专业书籍，这是系统整理自己知识脉络的有效方法，也是以终为始的学习方法。可以把写书设为目标，为了写成一本专业书籍，需要进行大量的阅读，对于工作本身的观察和分析角度，包括研究深度，都会不一样，而且，也许真的有出版机会呢？

秋叶的第一本书《超越对手：软件项目经理的 18 种实用技能》其实就是这么总结出来的。

6. 通过社交网络建设个人品牌

不管是通过赤兔进行分享，还是开设微信公众号发布文章，一个人的专业能力往往需要多和他人互动才能够获得更多反馈，个人品牌的建设过程和写书是一样的道理，既能够在过程中得到锻炼，也能在拥有个人品牌之后带来更多的机会。

对于一般人来说，上面的要求和做法的确标准有点高，但是，这本书的读者，可是要成为斜杠青年和自由职业者的人啊，所以，要求必须高一点！“取法乎上，得之于中。取法乎中，得之于下。”严格的高标准才能够彻底打开思维啊！

还有一个重要的补充，胸怀大志、希望拥有“自由职业态”的人，当然会有更高的追求，除了单杠能力的打造途径，也可以以终为始，了解未来世界所需要的技能，作为自己的学习方向。

未来学家丹尼尔·平克在《全新思维》一书里讲过，未来最重要的六种技能是：

设计感：每个人都必须培养一种艺术感，好的设计可以改变世界，不管从事什么样的工作，都可以像艺术家一样工作。

故事感：会讲故事，用故事的形式表达自己、与人沟通，故事性会越来越成为商品和服务在拥挤的市场中脱颖而出的一件法宝。如果你对故事感的理解还不够，可以去了解一下戚泽明的故事，他从故事里看到商机，自称“首席故事官”。

交响能力：可以理解为整合事物的能力、跨界能力，善于找出看上去毫不相干的领域之间的联系，善于组合别人所不在意的要素，实现创新。

共情能力：可以理解为同理心，能够设身处地体验他人处境，从而达到感受和理解他人情感的能力。

娱乐感：简单说来就是会玩，人需要具备适当的幽默感（可千万别误解为会说黄段子！），不仅会玩，更要玩出水平。

探寻意义：能够寻找生存的意义，认真对待精神追求，寻找真正的幸福。

上面的这段话，用大白话来讲，就是：要有品位、懂艺术，要会讲故事，能跨界，有同理心，会玩出花样来，而且要有追求，会探寻事物的意义。

如何利用业余时间充电

杨小米想要买房，但是压力挺大，就想着折腾折腾，反正能赚钱就多赚一些。2014 年，她通过书籍和网易云课堂学习了软文稿的写法，又去在行约见了很多做市场和公关方面的专业人士，系统了解了他们的工作内容。业余时间，她一直参加上海一个创始人俱乐部的活动，思维开拓很快，认识了很多人，当时也没觉得有什么用，但是有一天，当这些朋友知道杨小米喜欢写作的时候，就问小米可不可以给他们写公关稿。小米就利用周末写稿，一开始不过关，也赚不了什么钱，但她不气馁，不断提升自己的写作能力，后来，就通过做网络传播的公司拿到了很多这样的活，4 篇起写，一篇 1500 块钱，除了付中介费之外，还有得赚。看到成效，小米的心里更有底了。

大学毕业两年，小米做销售，后来转行，做偏市场的工作。市场岗位机会很多，加上通过在行约见，杨小米根据小企业的特点，总结了成本相对低而效果比较好的系统传播方案，有公司请她做市场顾问。她自己的微信公众号“遇见小 mi”也做得风生水起。

在毕业 5 年、到上海 3 年以后，小米实现了在上海买房的愿望，除了房贷和一笔银行的 25 万元消费贷，没有其他债务，生活也没有受影响。

2016年，杨小米辞职离开原公司，开始的时候，特别担心害怕，怕微信公众号万一就不行了，要再出去工作，哪怕一个月就1万块钱。后来分析了一下，在公司能够做哪些事情，能力的提升能不能靠其他方式获得，适应了一个多月以后，就再也不想上班了，正式成为自由职业者。

很多人都说工作太忙太累，一整天下来累成狗，回到家就瘫在床上，所以没时间充电，然而，优秀的人们会不会这样想这样做？小米的事例，有没有启发？

要想在业余时间充电，其实时间应该先从上班时间开始管理。

我们有几条建议：

1. 管理好上班时间

如果上班特别忙，经常加班，要注意观察一下原因，比如：时间的不恰当耗费是出于什么原因？是因为自己效能低下，还是受到其他人的影响？如果是自己的效能问题，那就需要在技能方面改进，比如学好了某些技能以后，原来3小时才能完成的工作，有可能在20分钟内完成。而如果是受到其他人的影响，能不能督促别人改进？比如教会别人一些技能，加快传递到自己手中的速度，比如提前沟通，避免自己随时随地被打扰，沟通的对象可能是领导，也可能是同事，这时候就需要学习沟通技巧。

2. 学会拒绝

不管是在工作中接受不应该由自己进行的任务，还是在业余接受朋友们“这个事情很简单、帮忙做个小设计就行”的委托，都需要学会拒绝的艺术，保障自己的时间，当然拒绝也是有技巧的，可以推托，可以找其他借口，尽量避免得罪人，当然有些时候逼不得已，真要得罪，那也是没办法的事，但至少自己的时间被保证了，有这段时间那更要好好充电，争取离那些不讲理的人远一些。

3. 尽可能缩短住处到单位的时间

有些人为了节约房租，或者在很偏的地方买房，所以从住处到单位需要花费很长时间，有些人觉得，路上的一两小时反正也不浪费，可以用来听听喜马拉雅、看看电子书什么的，但其实如果是非常拥挤的交通情况，这样的如意算盘未必能够打响。在北京某家互联网公司工作的刘健亮，选择租住在离公司骑单车 15 分钟的地方，每天骑摩拜单车上班，这样，甚至不需要占用公司的地方停放自行车。天不冷的时候，他每天骑行 30 公里左右，都市上班族运动量少，骑车也是活动活动。

4. 学习重在结果，不要只看过程

有些人买了很多网课，但并没有坚持听下来，也不重视网课里面留的练习和作业。有些人趁着打折买了很多书，但之后就束之高阁。有些人参加了很多培训和活动，但除了交换一堆微信外似乎也没太大收获。学习爱好者和真正热爱学习的人不一样，前者看重过程，不是在去向这个培训地点的路上就是在去向那个培训地点的路上，如果不参加培训，心里会感觉焦虑。后者看重结果，学习了知识就希望吸收和转化，应用在实际的工作学习和生活中，用应用来验证学习效果，这样的充电，才更有意义。

5. 建设上进的朋友圈

有些人身边围绕着一些喜欢吃喝玩乐的朋友，下了班以后就各种娱乐，大家谈的不是读书而是娱乐八卦，喜欢学习的人在这样的人群里好像异类一样，即使是上班时间，有些人也是混日子的，对于认真做事的人反而冷嘲热讽，身处这样的人群，如果自信心不足，就会怀疑自我。有次一位在行学员约见我，就诉说了这方面的困惑，我鼓励她不要理会这些人，坚持自己的成长路线，临别前学员要求一个拥抱，我毫不迟疑地抱住对方，说："希望这个拥抱能够传递给你力量。"

其实这样的情况，很多年前我在银行工作的时候也遇到过，那时候不少同事都奇怪，说你为什么还要自己买电脑啊，行里不是有吗？说你为什么每天上网，网上有什么好东西？基本上是觉得我不务正业的样子。不过人各有所求，我还是坚持自己想做的事，后来就离开了银行。

记得有一次回老家，也去原来的银行看了看，除了原来的办公楼新装修过，感觉没有其他变化，以前的同事们也还是那些人，仿佛时光停滞了一样。回想起来，并不后悔自己走了出来，反而庆幸。

现在网络这么发达，其实完全可以多关注优秀人士的微博、多参加上进的社群，一群上进的人在一起，就不会觉得孤单。

你想要的自由到底是怎样的

亦舒在《理想生活》中说：

什么叫作理想生活？不用吃得太好、穿得太好、住得太好，但必须自由自在，不感到任何压力，不做工作的奴隶，不受名利支配，有志同道合的伴侣，活泼可爱的孩子，丰衣足食，已经算是理想。

很多人都会点头称是。然而且慢，那是亦舒描述的理想生活，它是你的理想生活吗？

我们总是在谈自由，那么到底什么是自由？

有些人觉得，自由就是做想做的事，任性，想怎样就怎样，不受约束。

有些人认为，自由就是不做不想做的事，不被强迫，不被压制，不被勉强。

有些人认为，你有多自律，就有多自由。

我们之所以自强不息、努力拼搏，就是要夺回自己人生的管理权。如果奋斗了十几年、几十年，却还是要和不喜欢的人打交道、做不喜欢的事、顺从别人的期望而不是自己内心的想法，每天在不开心的状态中度过一日又一日，那活着还有什么意思?

可能也会有人顾虑说：那要是无所限制，为所欲为，啥都想选择，啥都能选择，那我会不会变坏了啊?

放心吧，你要走很远的路，才能到达那一步。

古典老师认为："比'自由职业者'更酷的，是'自由职业态'。"

在文章中，他详细阐述：

"自由职业的自由，不是辞职的自由，而是选择的自由，这个选择背后，是能力的自由。

"有了这些能力的人，你成为某种超级个体，在公司里公司外都还挺自由的。

"自由职业不是一份职业，而是一种能力状态。

"与其叫作自由职业者，不如称之为'自由职业态'。

"自由职业态，意味着你自己能够以自身能力为产品，自己构成一个完整的商业闭环。"

我非常认同古典老师的这个定义。

很多人看上去是自由职业者，但是事实上，却不见得自由。网络写手们，每天码字，甚至有人累病、累到失去生命。回望当初的选择，这是他们要的自由吗？显然并不是。

自由职业态，是即使人在朝九晚五的工作中，由于有选择能力，于是，就是自由的。

对于一份工作，有选择做的自由，也有选择不做的自由。这种选择权，对我而言才是最重要的。

对于一个客户，你有选择接的自由，也有选择不接的自由。

想要拥有自由，先要对自由有个清晰的概念，定义好自己想要的自由，你才能够真正获得自由。

对于我和剽悍一只猫，我们所认为的自由，就是我们现在这样的状态：

做自己喜欢的事，用自己的能力堂堂正正地赚钱，养活自己，有广泛的兴趣，有很多的朋友，他们其实都是热爱工作的人，而且对他们来说，工作和生活没有明确的分界，水乳交融。

你适合成为自由职业者吗

有人认为所有没有正式单位的人员都可以叫作自由职业者，包括待业人员、失业人员等。

错！

所谓自由职业，首先要有职业，而后再有自由。如果一个人没有职业，找不到职业，那不能称为自由职业者，而是无业人员。

美国人罗伯特和莎伦在《富爸爸财务自由之路》一书中将世界上所有的人分为四类，放在四个象限：

E. 雇员；

S. 自由职业者；

B. 企业所有人；

I. 投资者。

他们认为四类人都有自己的理想生活状态：

E. 雇员，我有一份工作；

B. 企业所有人，别人为我工作；

S. 自由职业者，这工作属于我；

I. 投资者，钱为我工作。

按照这个分法，自由职业者必须至少有一项能够安身立命的本领，比如写作、摄影、动画制作等。

成为自由职业者并不是一件容易的事情，要成为自由职业者，必须是具有一定的专业知识与技能，要有社会生存能力，还要有坚强的意志。

缺乏生存的技能，缺乏相应的社会关系，就没有资格做一个自由职业者，能够成为自由职业者的人，绝不会是无能者和平庸者。

有些人仅仅是看到了别人的各种斜杠身份，看到别人的自由状态，就很羡慕，于是自己也想要成为自由职业者。不过，最好还是先进行自我评估，毕竟，每个人都不一样，适合别人的，不一定适合自己。

自我认知达到一定程度，做出的决策才是理性的，不至于因为冲动而后悔。

所以，如果要成为自由职业者，可以先问问自己下面的这些问题：

是不是很讨厌坐班？

是不是很喜欢安静？

是不是只有在无人打扰的环境里才能好好工作？

是不是感觉上班让自己身体疲劳？

回家后的时间都做些什么？是因为太疲惫而都用在休息上，还是可以继续充电学习？

你是不是讨厌被别人管理？

在单位上班的时候，你是不是觉得心理压力很大？

上班的时间是不是都期待假期？

是不是周末或放假就会很开心？要上班的前一天就会很惆怅？

如果以上的提问，你的回答大部分是“是”，那也并不意味着，你适合成为自由职业者，你还需要问自己：

你处于什么样的生涯阶段？

你的优势是什么？

有哪些能拿得出手的能力？

理解自己擅长什么，以及应该强化和开发什么，这是自我发展的关键。

不管是斜杠青年还是自由职业者，有一个共同点：热爱工作。

对他们来说，工作是促使自己进步最好的办法，即使是为别人工作。

因为在他们看来，工作应该是共赢的，他们会兼顾对公司的贡献和自我发展。

全职工作状态和自由职业状态，有一点是一样的：所学的东西，是自己的。在离开原来的单位时，并不会有人把他们所学的知识切割下来留在单位里。有些人总觉得受到单位的剥削，于是在单位里磨洋工，还振振有词，这样的人，即使成了自由职业者，可能也没有办法长期坚持。

想要在世界上好好生活，就需要有一技之长。有些人觉得自己有很多兴趣，以为可以变现，但是有兴趣和变现是两回事，所以既需要做好自我评估，也要对市场有客观的了解。

想要成为自由职业者，就不能只看好的一面，对于利弊要有全面分析。

利：

1. 自由职业最大的好处莫过于可以自由支配自己的时间，不用朝九晚五打卡上班，时间由自己分配，可以在适合自己的最有效率的时间里工作，效率低的时间用来休息。

2. 其次是工作场所自由，在办公场所上不受限制，可以在家办公，无须西装革履，穿着睡衣和拖鞋就可以赚钱岂不也是人生一大快事。

3. 另外自由职业者再也不用看上司的脸色行事，不必纠缠于复杂的办公室同事关系。

4. 自由职业者的幸福感还来源于令人羡慕的高收入，有些自由职业者几个月的收入就可能超越之前全职时的全年收入。

5. 自由职业者可以采取自己喜欢的方式工作，不必一定按照公司要求的规则，由于网络的发达，不少自由职业者都会事先在线上了解客户需求，在线上与客户先接触，在线接项目。因此也摆脱了地域限制，可以在世界的任何角落工作。

6. 自由职业者的好处还有自由的发展空间、能追求自己的兴趣、效率更高和能发挥自己的技能。

弊：

1. 自由职业者的自由是相对的，在摆脱了打卡上班的束缚的同时，也相应地承受了职业弊端的困扰。很多自由职业者受困于工作收入不稳定，事业越成功，工作时间越久，工作时间波动不规律，忙的时候忙死，闲的时候闲死，而暂时没有工作的时间里也是要忍受生计的困窘，由此造成心理负担。

2. 自由职业者的工作如果主要是通过网络走向顾客，长期居家，难免社交范围狭窄，而没有同事的复杂关系的同时也较难向同事请教，较难向竞争对手学习。

3. 自由职业者还有一个令人困扰的问题就是社会认同度不高，大部分的自由职业者表示难以得到社会的认同和尊重，社会福利也得不到保障。

4. 没有了束缚和监督，没有自制力的自由职业者也较容易拖延工作，没有计划，导致效率反而更低。

5. 自由职业者可能不容易划分工作和生活，导致二者失去界线。

自由职业者的职业分布举例

类别	职业			
艺术设计类	艺人	演员	歌手	音乐家
	摄影师	摄像师	设计师	自由撰稿人
	画家	插画家	编辑	作家
专业顾问类	专利代理人	律师	会计师	牙科医生
	技术顾问	管理顾问	地产经纪	理财顾问
	心理咨询师	生涯顾问	独立翻译	
生活服务类	汽车评估师	洗车保养师	自行车快递员	地陪
	专车司机	独立经纪人	洗衣工	装修工
	代驾	维修工	保姆	搬家师傅
	小时工	收衣工	家教老师	保洁员
	送餐员	健身教练		
月嫂保健类	按摩师	足疗师	催乳师	月嫂
	育儿师			
丽人 / 美业类	美甲师	摄影师	美容师	美发师
	化妆师			

自由职业者的族类细分

自由职业者可以分为三个族类：SOHO 族、MORE 族和 MO 族。

1. SOHO 族

SOHO 族（small office/home office）是指在家办公的一类新人。SOHO 族起源于美国 20 世纪 80 年代中后期，到 80 年代末已风靡世界各发达国家和地区。世界上仅德国就有 360 万人以 SOHO 方式工作。德国 IBM 公司有 25% 的员工在家里为公司工作。在美国已有 3000 万人拥有了家居办公室。自 90 年代初期登陆中国，便迅速在上海、北京、广州等大城市掀起一股旋风。SOHO 族的出现标志着自由职业者一族的兴起。

SOHO 族是随着电脑时代物质文明、精神文明的提高而出现的。电脑的出现，一方面加快了社会节奏和生活节奏，社会价值的创造必须跟上电脑的速度，于是一切都加快了脚步，时间似乎总是不够用。另一方面，电脑毕竟解放了劳动力，使很多工作可以节省时间，促使了“休闲文化”的诞生，工作节奏和生活节奏可以在时间的自由支配下舒缓下来。SOHO 族就是享受电脑便利带来的舒缓节奏的一族。

2. MORE 族

诞生于 20 世纪 90 年代末美国硅谷地区的 MORE（mobile office residential edifice）社区，也就是互动商务居住区，是 2000 年欧美地区从 SOHO 演变而成的全新社区概念，是 SOHO 族基于人性化的延伸，因此也被称之为“后 SOHO 时代”，更体现人文精神，人权至上，以人为本。

我们的家到此为止已经经历了三代。第一代的家是传统的家，它是与工作完全脱离的，是为家人提供依靠的港湾，给人以温馨和安全感。第二代的家是 SOHO 式及 LOFT 式，以家为工作间的模式，是完全开放的没有隐私的家，便于客户来访、交流。第三代的家是与工作既脱离又关联的 MORE 社区。户主及家人不但拥有工作间，而且各自拥有一片完全属于自己的天空，更加人性化，更多地渗入了温情，更多地关注人的需要，更多地与社会融合。这种更新的 1+1 居住模式将会在不远的将来取代 SOHO。

3. MO 族

MO 族则是 mobile-office（移动办公）的英文缩写，是现代白领一种全新的工作方式。他们的装备豪华，居无定所，四海为家，随时随地都可以利用手中的手提电脑、移动电话等工具展开工作。他们大部分时间都是在旅途中。他们是真正的飘一族，工作起来机动灵活，神出鬼没，收入颇丰，充分地享受现代高科技带来的种种便利时尚的生活。作为新型的时尚群体，他们的浪漫，他们的飘忽，他们的匆忙，他们的成就使他们成为时下最风光的一个工作群体，新新青年最羡慕的对象。他们比 SOHO 族更占据时代优势，具有更广阔的发展前景。对于这类人群，我们也可以称之为互联网时代的“游牧民族”，毫无疑问，我和剽悍一只猫都是（骄傲脸）。

探索自我、理性评估

一个人是否可以成为自由职业者，可以在哪些方面纵深发展，仅仅一些问题可能还不足够，在这里我们介绍两种自我认知的方法，不过这可能还不够，所以需要用好友访谈等进行补充，从而达到深度的自我探索和理性评估。

一、DISC

DISC 这个理论是一种“人类行为语言”，其基础为美国心理学家威廉·莫尔顿·马斯顿博士（Dr. William Moulton Marston）在1928 年出版的著作《常人的情绪》（*Emotions of Normal People*）。马斯顿博士是研究人类行为的著名学者，他的研究方向，有别于弗洛伊德和荣格所专注的人类异常行为，DISC 研究的是由内而外的人类正常的情绪反应。其之后的学者进一步将这个理论发展为测评，也就是大家所熟知的 DISC 测评。

看到这些内容似乎是挺枯燥，八卦一下，马斯顿博士在美国更为出名的是他的漫画作品《神奇女侠》。

不过我们不是谈《神奇女侠》了……人力资源专家李海峰老师是国内知名的 DISC 授证讲师，著有《DISCover 自我探索》一书，关于 DISC，李海峰老师用四个汉字来诠释：

帝爱士思。

那么这是什么意思？

李海峰表示，有以下三件事情需要注意：第一，每个人身上都有DISC，一个人身上不单有一种风格，只是所占的比例不同而已；第二，DISC 是可变的，是可以调整的；第三，DISC 既不是一个人的优点，也不是缺点，而是一个特点，运用恰当就是优点，用不好就是缺点。

“帝”即 D，代表的英文单词是 Dominance，属于支配型，支配代表的是直接、控制与独断的激烈特质。他们扮演的是一个“指挥者”的角色。

D 型特点是“关注事”，快，重视结果。如 D 型老板让一个“慢”员工查资料，可能会十分钟问“慢”员工一次，如果问了很多次，“慢”员工还是没有给老板一个答案，那么心急的老板可能会马上叫员工滚蛋。但是，如果员工了解老板是个雷厉风行的人，在老板下任务的时候就先答复老板：“老板，十分钟之内给您回复。”十分钟后，不管你得到的资料有多少都向老板汇报你的工作，那么，你就会从老板那里赚到赞赏。

“爱”即 I，代表的英文单词是 Influence，属于影响型，影响代表着爽朗、友善、外向、温柔与热情。他们扮演的是一个“社交者”的角色。I 型特点是“关注人”，快。I 型是个人来疯、自来熟。形象地说，我的东西是我的，你的东西也是我的。有缘千里来相会的是朋友，不曾谋面的也是没有见过面的朋友。

“士”即 S，代表的英文单词是 Steadiness，属于稳健型，稳健代表着谨慎、稳定、耐心、忠诚与同情心。他们扮演的是一个“支持者”的角色。S 型的特点是“关注人”，慢。拥有此特质的人常面带微笑、点头哈腰。吃什么随便，喝什么随便，什么时候吃喝都随便。

“思”即 C，代表的英文单词是 Compliance，属于谨慎型，服从代表着组织、细节、事实、精确与准确。他们扮演的是一个“思考者”的角色。C 型的特点是“关注事”，慢。拥有 C 风格的人打高尔夫十杆球球进洞时，会自我满足地夸奖自己：“我怎么这么神呀！”

DISC 测评可以让人了解自我类型，相比于九型人格、MBTI 的好处是简单易懂，容易，虽然精准度不如后者，不过对于自我评估来说，已经是非常好的工具。

二、盖洛普优势识别

盖洛普出品的《现在，发现你的优势》是非常好的帮助认知自己才干的书，强烈推荐阅读。

除了书以外，盖洛普官网还有一个优势识别器：

官网网址：https://www.gallupstrengthscenter.com/

对于搞不清楚方向、自我认知不足的人来说，做一个优势识别还是非常值得的（需要付费，有不同档次），另外如果你看不懂英文报告，那可能需要找朋友帮忙或者找人翻译，因为最后的测试个性化报告是全英文的。

盖洛普优势识别器有 34 个细分的特质，相比九型人格和 MBTI 的 8 个特质，细化了很多，更容易找到可以准确描述自己的特质。

虽然从 34 个特质中找到几个主导性特质后，这几个主导性特质当然不足以勾画出完整的人生路线，但足以搭建出人生的大框架。这个参考模型可以在日后进行调整，然而在最起初，它有非常强的参考意义。

需要注意的是，不管是 DISC 分析还是盖洛普优势报告，都并不能达到 100% 的精准度，是作为参考工具来使用，切记不要迷信。

至于星座、血型等，这些玩玩就好了，千万不要当真，星座运程指导不了人生。

除了自我评估外，还可以开展一下好友访谈。

自我的优势，可能自己不容易发现，或者想要从事自由职业这样的选择，一个人可能下不了决定，此时，也可以征求一下身边好友们的意见，最好是有丰富社会经验的师长和朋友们，让他们谈谈对你的看法，他们眼里你的优势所在，也可以请朋友们介绍你所希望从事的行业中的自由职业者，他们也许可以给出中肯的意见。

而且本身来说，这也可以作为了解自己和未来职业的一次好机会。当然你也可以通过在行这样的平台寻找行家，我在在行上有一个话题就是“你能不能成为自由职业者”，帮助很多人厘清了方向。

如果你要找朋友，最好是单独沟通，向他们介绍一下你目前的情况和你的需求，让他们帮助你进行一下分析，也请他们谈一下你的优势和劣势，这样你就可以了解在别人眼中的你，也会知道自己应该朝哪个方向继续努力。

建议找十个人左右，也不需要太多，如果大家众说纷纭，那也有可能让你陷入选择难题。

通过访谈，你应该总结出一个 SWOT 结果，即：

优势、劣势、机会、风险。

在这里，你尤其需要关注的是，风险的部分，可以列出一个风险清单，因为，相比你所向往的，那些未曾考虑的潜在风险，才是未来真正的绊脚石，有充足的考虑之后，才有可能避过或者克服，例如：

收入低，收入不稳定，不容易得到认同，生活不规律，男生恋爱时可能被女方家庭嫌弃，习惯宅生活、与社会脱节……

你要先有知识，才能考虑变现

知识变现，成了热门话题。

毕竟，近一年来，知识付费的习惯养成，是互联网上的重大变化。

此前的人们，习惯于免费获取，而现在，人们愿意花费金钱来购买知识。因为知识能够变现，因为现实压力太大，所以，很多人觉得，发现了捷径，于是争相了解如何变现，空气里既弥漫着积极向上，也有浮躁，无所不在的浮躁。

有次，我取消了一个在行约见。

学员的要求是：

想向秋水老师请教如何打造高质量且能快速获得收益的个人品牌。

她刚刚毕业，家里又遇到事情，所以急需赚钱补贴家用。当然我是通过在行约见上她的描述才知道的。弄清楚原委，我也很欣慰。

此前，有位朋友要找微信排版的人，按月付酬，工作量也不算大，每天基本只需要一小时，辗转地，这个机会给了她。

不过，我能帮她的，只限于此，打造个人品牌尽快赚钱，这个指导，我做不到。

谁也无法在一天内建成罗马。

这位学员，不是浮躁，是无奈。然而，在缺少能力的时候，谈赚钱、谈变现，谈何容易？

所以，就算我想帮，都有心无力。

我用在行一年多，赚了 10 万多元。

我用分答两个月，赚了 3 万多元。

喜马拉雅知识管理课程上线一个月，总销售额 40 多万元（含税和各种手续费）。

这里面有个规律，就是赚钱的速度越来越快。

但是，在这个背后，有着长达 20 多年的职场积累，还有对互联网的深度把握，以及不懈的努力。

这个收入，不算什么。现在有很多月入百万的年轻人。剽悍一只猫在一块听听开讲座，一个小时就入账 10 万多。

但是我不浮躁。

我知道自己要什么，所以赚的钱够养活自己就好，不奢求。

我也不羡慕他人，只是一心一意地打造自己喜欢的生活。

如果我全部心思都用在赚钱上，我就难以好好地品味一杯茶的味道，我可能不会再有闲情燃一支香，静静地看着香烟袅袅飘散。

我知道人们喜欢诸如“三个月打造超级 IP”“用好这 10 个标题，你就能够轻松写出 10 万 +”这样的干货，制造它们，对我来说，并没有难度，但是，这个世界已经够浮躁了，我还要再加一把火吗？

在业问组织的斜杠青年训练营，我的知识管理培训部分，我很明确地说，我并不相信 30 天就能打造斜杠青年，我只相信，指出路径以后，能够缩短这个进程。

我不喜欢欺骗和误导。我也不担负过高的期望。

人们渴望我给出短平快的路径，我不喜欢，我做不到。

有一次，一位朋友邀请我做分享，为了吸引人，标题里特别强调了“赚钱”等，给我看的时候，我说不好意思，可不可以改一下标题，我不喜欢这样，我希望人们从我这里学会的，是享受生活，钱不是唯一的衡量标准。

速成，不是不可以，关键是要豁出去，下苦功或者走另外的路线，比如暴露、出位，对于后者，如果想好后果，也没什么不可以，只是，很多人并没真正做好准备，于是，爆红之后，迅速沉寂，无法承担，反而容易酿成精神问题。

下苦功，需要狠，对自己狠，有人可以，有人不能。我从 8 月 29 日恢复运动，半个多月后，腰围减小 0.5 寸，马甲线正在形成，这是因为我每天坚持运动。

我手上新添一道伤疤，很难看，这是我在做饭的时候不小心造成的，明年当我认真地练习烹饪，这样的伤会增加更多，再小心都避免不了，然而这是我愿意付出的代价。

有些人，付出了很多，包括金钱和时间精力，却发现学了那么多干货，还是没能实现想象中的成功，于是陷入了更大的焦虑。所以当看到那些标榜自己在学习方面投入了十几万元的文章，我其实只想了解，既然付出了那么多，为什么有很多小事还是解决不了？为什么还是不快乐？

有人向我咨询，可否通过写作来养活自己。

我还没阅读他的作品，不过，能够养活自己的人，通常就不会问了。

甚至我自己，都不能用写作来养活自己。我写了 10 本书，版税收入也还算可以，但到不了养活的地步。因为版税太低，个税太重。

一个人要想通过写作来养活自己，除非单本销量到几十万册、上百万册的级别，而这样的人，少之又少。

超级毒舌 Scalers 君曾经说：

“现在许多人太浮躁，价值都还没有硬，就开始谈个人品牌；品牌还没有立，就开始谈变现。空想加上情怀以后竟然变得高尚起来。”

S 君说这些话，是有底气的，底气在于 1000 多天坚持写就的高品质文章，在于成长会两年2000多位付费学员。

这是最好的时代，因为拥有空前的好机遇。

这也是最坏的时代，因为从结果导向来说，如果不努力，将会被淘汰。

拥有个人品牌和知识，只是拥有了变现的可能性，并不意味着必然性。

投入20万元参加各种培训，如果不结合自己的实际去演练，也还是会打水漂。

身处这个浮躁的时代，我能够充分理解浮躁的由来，然而很抱歉，我可以告诉你100种知识变现的途径，而无一例外，它们都需要时间，需要慢慢沉淀。

我们都害怕被时代抛弃，也并不是没有解法，我们可以正视恐惧，把恐惧转化为力量，然而，如果你渴望知道一天内如何建成罗马，如何在听了几节课程后就能改变人生，那么，非常抱歉，我无能为力。

我只能引导那些有耐心的人，一起缓缓行进，共同去探索解决之“道”。

在这本书里，我们揭示了种种可能性，种种达成途径，然而，它们都不是速成的，都需要踏实持续的行动才能达成。

每个人都可以找到自己的突破口

很多人觉得自己并没有一技之长，想要成为自由职业者，却不得其门而入，感觉非常非常苦闷，也许，只是因为他们没有发现自己的优势。

小红红不二酱的创始人洪志玲，广西北海人，原本只是一个普普通通的家庭主妇，她本来就有一手好厨艺，生了女儿后，比没有孩子时对环境、食物、自我塑造等各方面都挑剔、慎重、努力很多。做每件事的时候，都会条件反射性地想到对孩子会有什么影响。

为了女儿，她逼迫自己成长，不希望自己成为庸常的全职妈妈，她开始在网上卖牛肉酱，取名“不二酱”。挑选筋肉纵横交错、层次分明、肉质爽口甘秀的上乘牛腱子肉，按照好食材、轻烹饪的原则来做这款酱，没有任何添加剂以及香料的熬煮，保留食材的原汁原味，还原食材本质的淳朴天然。外出和朋友们吃饭的时候，她会带上几罐酱，朋友们很爱吃，纷纷向她购买，经由朋友的口碑，又扩散到陌生人，她也开始了正式制酱，半年多的时间，仅靠朋友圈，就卖了 2000 多瓶。后来，她看到古造风物这个微信公众号出了三篇介绍广西北部湾的海产红鱼干、鱿鱼干、沙虫干的文章，让她对北海的海产有了更深刻的认识，于是产生了用这些食材做一款酱的灵感，红鱼酱、鱿鱼酱比牛肉酱的反馈更好，得到大家的一致好评。

不二酱讲求安全，没有添加剂，咸度也低，可以一酱多吃，拌饭、拌面，或者用来烹制菜肴，都相当不错。

洪志玲并没有想到，厨艺会成为自己的事业发端，她用女儿的名字命名这款酱，还让女儿写了不二酱的名字，把这个品牌作为给女儿的礼物，女儿歪歪扭扭的字体虽然稚拙，但也充满了童趣。

洪志玲的这条路，对于家庭主妇们，难道不是很有启发吗？不要妄自菲薄，而应该多方尝试。

人应该敢于尝试一些新的领域，敢于果断地跳槽改行，也许会入错行，但也可以转变为入对行，去充分开发和挖掘自己的某项独特优势。

赛美本来是IT精英，然而现在却华丽转身，成为保险界精英。

她第一次关注自己在理财领域的优势，是在2002年。当时，她觉得自己工作这么多年，收入一直不错，却总攒不下钱，爱乱花钱，某天头脑发热到香蜜湖看了一个楼盘，交了首付2万元（还欠了发展商10万元首付），欠了银行28万贷款，留了1万元搞装修，完成人生的第一笔大资产规划，同时也开始了人生第一次的负债生活。她回想那年，心情紧张得不行，家里也很为她担心，毕竟，每天一睁开眼睛就要还房贷，压力会不会太大？什么时候可以还完？

因为10万元在一年内要还清，从那开始做年度财务规划，每个月的存钱计划和花钱计划渐渐规范起来。

到了第二年，生活品质并没有降低，10万元的首付还清，银行按揭也还着，而且工作更卖命了。压力有时候反而能够让人更努力地做事。

2003年起，赛美开始关注房市和投资，并鼓动身边的同事和朋友，一定要买房以及尝试学习投资，一是改善居住品质，二是养成良好的消费习惯，三是未来一定会增值，获得工资以外的收益，比如房租、股权分红、投资收益分红。

为了让同事和朋友们能够下定决心买房，从2003年到2013年，赛美没事就去新楼盘转转，并根据同事们、朋友们的财务情况，计算好首付、每月按揭款，解读户型以及楼盘配套等信息，不同城市现在的均价情况，深圳房地产市场的趋势等，堪比专业的售楼顾问。

从买房关注到财务习惯的重要性，到2013年转型进入保险行业，赛美很快成为国家高级理财规划师，并在中国太平组建了自己的理财团队，其实也是经历了十多年的积累和历程，掉过不少"坑"，被骗过，有过投资失败的经历，也有保险产品销售遭到拒绝回到家"哭鼻子"的夜晚。

现在的赛美，把过去咨询顾问的角色和工作习惯，带到了保险行业，自己既是专业人士（理财规划师、保险规划师），又是创业团队长（有百名以上的成员），在保险行业已经成为有影响力的品牌和团队，在理财领域也拥有了很高的知名度。

如何发掘个人优势

我向秋叶提了一些问题：

一个人应该如何发掘到自己的优势？有哪些途径可以帮助人们进行优势发掘？能不能说说你自己的历程？

秋叶的回答洋洋洒洒：

这是一个很有趣的问题，不如先听我啰唆几句我的经历吧，有点长，但是看完也许你会更直观理解我是如何一步步形成对萧秋水提问的解答。

我读大学的时候，对人生前途是很悲观的，因为那个时候我觉得自己一无所长。

我学习成绩也一般，整个大学只靠高考成绩拿过一次奖学金。当过班干部，负责给同学们发生活费。也做过分团委的干部，全靠听老师的话。老师说我字写得工整，就让我负责给入党积极分子写评语。毕业设计全靠同学们帮忙，才勉强完成。

我体育不好，也不会唱歌，不会弹吉他。同学唱英文歌曲，我很努力学，还是跑调。在外面也不敢做兼职，就是送过一次报纸，也没有赚到钱，所以我也没有谈到女朋友，嗯，表白过一次，失败。

大学期间我爱看高阳写的《红顶商人胡雪岩》，我觉得我应该是蛮有商业头脑的，一个证据是我突发奇想给父母建议，在武汉买学校边上一个村民的房子，不过被父亲臭骂一顿不务正业，这事就无疾而终。

我大学期间还是想证明自己，后来我就做了一个保健品的直销。买了以后到处碰壁，卖不掉，然后我就把保健品都自己喝了，因为买保健品贴了生活费，我就度过了两个月顿顿吃馒头的日子，当时的室友也挺佩服我的。

我个人缺点还不少，比如我大舌头，讲话口齿不清，我觉得大学同学们真心不错，没有人因为这个笑话我。大一时我们还组团一起参加辩论大赛，当时流行狮城舌战，学校也搞了一场大赛，我们队最后拿了第一名，这可能是我大学期间最辉煌的时刻。

在大学里也认识了一些人，毕业后各奔东西，基本上都没有联系，偶尔出差和同班同学见见面，我以后的职业发展，至少到目前，我似乎也没有用到大学里所谓的“同学人脉”。

一直到我研究生毕业，我出来找工作，都不知道自己该怎么找。第一家单位专业对口，是机械方向，没有要我；第二家单位是搞 IT 的，导师也认识这家单位的老总，可能企业也正需要人，我又是硕士学历，又有制造业背景（单位是做制造业信息化的），就这么稀里糊涂进来了。

总之，来到 IT 行业，我最大的优势就是肯学，不懂就问，还好我老婆是学计算机的，一开始她教我不少，再就是单位培训体系做得很不错，同事也都蛮好的，肯帮我带我，就这样在单位一点点站住了。

我这个人当时应该有两个优势，第一个优势是脸皮厚，心态好，不怕打击，不懂就问。

因为我从小耳朵不是很好（也不是很差啦），常常没有听清楚，没有听清楚我就去再问一遍，多问几遍也就慢慢知道了，一点也不会觉得难为情。

因为很早我就懂一个道理，听力不好大家可以同情你，但是工作搞不定就没有人因为这个缺陷原谅你，你唯一能做的，就是“不要脸”，去解决问题，和正常人一样搞定，你才有说话的资格。

总之，我要和别人做得一样好，我就得不怕被多打击几次。小时候没少被人笑话，所以心态自我调节得比较好，说白了就是蛮能自我安慰，睡一觉就像没事一样重新开始。

第二个优势和我听力不好也有关系。因为听力不好，我就喜欢写。大学就坚持写日记，反思自己所作所为。所以在工作中遇到什么事情，我也是写写写，想想我应该如何改进。

写完以后也不知道天高地厚，就把总结发给单位领导看，发给同事看。当时单位不大，领导也很开明，不但不怪我，还觉得我这个人善于总结，把我提拔到咨询顾问部，当咨询顾问培养。

现在回想，我的确是运气很好，第一份工作就遇到风气很正的单位，而且误打误撞在 2000 年进入了一个高速上升的行业——IT 行业，就好像在 2010 年你误打误撞进了互联网行业一样。

2002 年我进了高校，依然一直在 IT 行业兼职做项目，一直做到了2006年底，差不多在这个行业做了七年，我还出了一本写给项目管理新手的书，我当时以为我的优势就是做项目了。

其实那时我根本不知道人生头七年职业生涯给我的最大价值不是工作经验，也不是业内人脉，而是职业习惯。

我养成了很好的自我时间管理习惯，我养成了遇到事情总结分享的写作习惯，我因为做单进行了大量的产品技术演示，所以我的结构化思考和演讲能力得到了极大的提升，并固化到我的思维模式里面。

但在2007年，我决定转一个方向去发展时，我并不觉得这些能力有多重要，而且我根本就找不到靠这些能力赚钱的可能，所以我去了一个前同事创办的IT培训学校做网络营销，开始边学边干网络推广。

在这个学校，我的网络推广业绩还行，但最重要的是我开始理解了网络的真正威力。值得一提的是，我在IT公司工作时就通过网络写作认识了萧秋水，我们认识后在2008年一起合作了一本如何用好博客的书，销量惨淡，但是这本销量惨淡的书，倒是打开了我对世界的关注维度，那本书的名字就叫《名博是怎样炼成的——个人品牌博客全攻略》，那个时候我开始有了建设个人网络品牌的自觉意识。

但是兼职工作一个月也就是4000块钱左右，这样干下去也不会有什么大发展。我认为网络才是未来，我前后开了两个做网络营销业务的合伙公司和独资公司，都赚了一点小钱，但都不能持续生存。

我当时认识到一个大问题，如果一个人没有自己有定价权的产品，做网络营销推广又苦又累，是挣不到钱的，但一直到2008年底，我完全不知道自己能做什么产品。

不过，2007 年我出的第一本项目管理的书虽然没有给我带来什么稿费，但是我为了推销书到当时一个不错的博客网站畅享网上连载了部分文章，这些博客文章让上海培训界的朋友关注到我，邀请我去做一场关于 PPT 演示的培训。

我看着钱多，而且离培训日期还有两个月，就一口答应了。反正不懂我就学嘛，我人生头几份工作不都是这样过来的?

2009 年初，PPT 培训侥幸过关，我拿到一天 5000 元的高课酬，内心无比激动。我激动不是因为我拿到这么一大笔钱，我过去也做过培训，类似收入也偶尔有，我是看到了一个市场，一个真正适合我的市场——PPT 培训。

我原来也以为 PPT 有什么好学的，但是经过这次培训，我看到的是未来会有越来越多的单位不仅仅重视 PPT 的功能操作，更看重用 PPT 结构化展示自己的观点，这是一个肯定会有巨大需求的市场，而在这个市场上，还没有人建立领导品牌。

这让我非常兴奋，在 2009 年，也就是我 33 岁这一年，我开始认真评估我事业发展的可能性，这就需要我认真分析自己到底有哪些核心优势。

要在 PPT 培训领域发展，一个人需要五个方面的积累或条件：

1. 结构化思考能力，这在我做咨询顾问期间得到了很好的锻炼。

2. 视觉化表达能力，我学习能力很强，我评估过当时的优秀 PPT 博客文章，我觉得短期内我能弥补这个短板。

3. 演示演讲和培训能力，我在大学和企业都有丰富的授课演示经验。

4. 充足的上课时间，我在大学教书，除去上课，其他时间自由，我的家庭能很好支持我工作，不需要我操心，加上我的时间管理习惯很好。

5. 结构化输出的能力，我写过书，也写博客，相对传统老师我更知道如何借助图书和互联网推广自己的品牌。

所以我当时评估的结论是：第一，我发现了一个大市场；第二，在这个市场上我的综合能力足以让我占据一席之地。

在 2009 年，全面进入一个适合自己的培训行业，足以让我的个人收入从两份工作都不到年薪 10 万，快速跨越到年薪 20 万的新平台。

总结一下，我发现我对个人优势的分析已经和一般人不太一样，这也许是我结构化思维无意识的应用吧。

一般人分析自己的优势，更多是从能力和素质来分析自己有哪些优势，比如我谈的前三点就是能力和素质方面的优势，这些优势很重要，但并不能保证你能在人群中脱颖而出，要知道，这里是中国，有才华的人太多了。

而我一开始就考虑到了普通人没有考虑到的两个变量：

1. 充足的时间，很多事情的竞争不是能力的竞争，而是你愿意为一件事情投入多少时间的竞争，我因为工作单位、家庭和自己意愿恰好可以让我在 PPT 这个领域投入比别人多得多的时间，这样即便我天赋有限，也能后来居上。

很多人在计算自己竞争优势时忽略了时间这个变量，就等于忘记了“量变积累足够了才能质变”这个道理，我不能减少在成功路上要付出的工作量，但我可以选择在最短的时间段内为一件事投入更多的单位时间，从而获得加速度。

2. 传播的能力，老话说，“会哭的孩子有奶吃”，放在职场就是一个人做工作要会做，也要会包装自己完成的工作，否则酒香也怕巷子深。

我在做网络营销工作的时候，深刻体会到营销的力量，已经不再盲目相信“是金子就一定会发光”，至少我得让你看见我是金子，我才有机会发光给你看啊！

所以，2009 年，我在发现自己专业优势的时候，我看到的结构是：

个人优势 = 专业优势 + 时间优势 + 传播优势。

后来一切顺利，也得到很多人帮助，我凑巧赶上了微博繁荣时代，在微博最热的 2012 年，我已经有一点网络能量，并通过微博积累了一大圈小伙伴，我把这些小伙伴组织起来一起玩，一起闹，当时并没有想到一定要做点什么，但是我觉得这样做挺开心的，大家互相帮助，也许以后能做点什么呢？

2013 年，我意识到培训也快做到了天花板，一个老师要上课，一年也就 365 天，我顶多上 100 天，一天挣一万，一年也就一百万，潜力就这么大，而且累得要死，是卖身钱。

但是，这一年我已经看到很多人在谈在线教育，我意识到 Office 系列软件作为一个职场必会技能，必然会成为在线教育领域的一个重头产品，这个方向我不做，一定会有人做，那为什么我不去试试？

但这一次转型一开始我又做了一个重要的决定，过去我做事喜欢个人英雄主义，喜欢一个人又快又好地处理完一件事，但做在线教育，我本能意识到我需要一个团队，所以从一开始我就开始慢慢搭建能和我一起做在线教育的团队，很幸运，我找到了小巴、佳少，现在团队慢慢做到了十几个人。

所以，到了 2016 年，如果要说我的个人优势，恐怕结构应该是：

个人优势 = 专业优势 + 时间优势 + 传播优势 + 团队优势。

而且，这个专业优势已经不是 PPT 培训，而是在线课程开发和运营。这个能力远比 PPT 培训复杂，也更难被一般人掌握。

其实在 2016 年，我还是蛮焦虑的，别人看到我们的在线课程品牌能量越来越大，而我看到的是我基本上是依赖自己的能量圈在发展，我身边的小伙伴成长得都很快，但是总体而言，都是借助我们圈子的能量，我已经迎来事业发展的瓶颈。

答案很简单，走出去，认识比自己更强的人，这其实蛮不符合我的个性，我的个性其实蛮喜欢宅在家，通过网络和大家交流，但是要接触真正比你强的人，面对面是必需的。所以在 2016 年，我刷了不少讲座论坛，也去观察这些高手是如何运营项目的，然后我总结做社群的经验，写书，然后自己也创建了“知识型 IP 训练营”，我开始理解在商业上人脉的作用，这是我过去忽略的。

希望到了 2018 年，我再说我的个人优势，我希望结构是：

个人优势 = 专业优势 + 时间优势 + 传播优势 + 团队优势 + 人脉优势。

我觉得我的专业优势也要升级，不能是 PPT 培训，也不能是在线课程开发和运营，应该是商业战略思考和团队快速培养。

如果我能这样一步步顺利迭代进化下去，就有很大可能提升我的职业生涯高度，还能为我们的小伙伴出一点力气。

未来是属于年轻人的，当然我还能做事，所以我还想努力给自己更大的可能，我也要继续努力。

坏的一方面是我要努力的方向难度越来越大，这也好理解，站在金字塔顶尖的人总是很少，路也更陡；好的一方面是我现在的努力更多是拼头脑，而不是拼投入时间，所以我反而有时间去看电影、看书，这都是激发我思考的方式。

越接近塔尖，越要想清楚下一步怎么走，肯定比马上冲出去试错更好。

如果我能顺利突破这一层天花板，下一步我应该构建的优势我也大致清楚，我不能只谈商业，在中国，一个人要做大做强，要和很多方面的资源处理好关系。

只是到今天，我都不知道自己是否适合做这种八面玲珑的人，我也不知道我的家庭还有我的身体是否希望我一定要折腾到这一步。

所以说，一个人除了专业优势，他的性格、家庭、身体其实也是蛮重要的竞争优势，这三点我在前面没有专门提，但是往往是这三点，容易让你东施效颦。

新年为了回答萧秋水的问题，我居然啰唆出了近5000字，我对自己经历的反思，最后还想分享三句话：

1. 每个人都是从平凡到不平凡的，我们要主动构建自己的优势，这需要做时间的朋友。

2. 在成长的不同阶段，你需要构建的竞争优势是不同的，饭要一口口吃。

3. 每个人的起点其实差异很大，这些差异可能导致结果千变万化，所以请不要盲目模仿别人。

类似的问题，我问古典，古典的回答简短有力，要想发掘个人优势，就三点：

1. 专注。

2. 一学就会。

3. 持续的正向反馈。

这里面，专注的意思是让自己沉浸其中，而不是做事时心猿意马，因为特别喜欢和擅长，所以才会愿意专注。而一学就会代表了学习力和真正的兴趣，持续的正向反馈会让人不断精进，就好像我学摄影一样，因为不断受到粉丝的赞扬和相关旅游的邀请，所以就更加愿意钻研，从而发掘和建立了这个优势。

另外，别人的看法有时候也非常重要。我属于那种干一行爱一行的人，对很多事情，都能够快速上手，不过，关于知识管理的优势，自己并没有意识到，而是前领导发现的。当时公司需要有人做知识管理，领导就把这个任务安排给我，我当时是很不情愿的，因为正在担任 ERP 制造产品的产品经理，对于制造非常有兴趣，知识管理是个陌生领域，不想转行，不过领导对我说，通过对我的长期观察，尤其是我在公司社区和部门内的表现，认为我有这方面的潜力，我被说服了，尝试以后发现知识管理果然非常适合自己。如果是自发自觉，有可能我并不会走上知识管理的道路。

优势发掘提问：

别人认为你什么最出色？

你自己最拿手的事是什么？

你曾做过的最得意的事是什么？

详细描述你做过的最得意的一件事：

事情的概况？

当时你遇到什么困难？

你采取了什么解决办法？

最后达到什么结果？

在这件事中，体现了你的什么能力？

如何包装自己

这是一个“酒香也怕巷子深”的时代，所以，即便有实力，也要学会适度包装自己。

为什么要强调适度？因为过度包装的话，有可能会带来反向效果，至少要问问自己，将来成名了，能不能过得了方舟子或王海打假那一关？

前面我向秋叶询问如何发掘个人优势，而侯小希接着问了一个包装自己的问题，我觉得秋叶的回答还是很精彩，所以直接引用一下。

侯小希提问：

秋叶大叔，你在回答“教主如何发掘自身优势”里提到一个重要的技能，那就是包装自己的成果，这个技能在做个人品牌过程中是很重要的一环。身边有不少人都说，“其实我做了很多事但就是不懂如何包装自己所做的事，外化让大家知道”，很多时候总觉得不好意思晒自己做了多少事情。所以想请教大叔要如何合理地包装自己的劳动成果和自我营销。

秋叶回答：

每个人都需要包装，这就好比在职场女性都需要化点淡妆一样。

好的包装不是作假，而是让别人更直观地看到你的特长和能力，进而方便和你建立合作或者链接。不过在实际操作过程中，包装过度是最为人诟病的问题。

那么现在我们就需要用结构化思维来思考一下，人有哪些事情是值得包装并写入自己的对外品牌宣传中，具体每个点有哪些包装的手法。

从下面开始，我谈的是方法，这些方法你们在外面随处可见，我只谈方法，不做价值评判，不喜勿喷。

1. 出身

这大概是最让人郁闷的包装项吧，但管用。细化一下包括你的籍贯（有的地方特别认同乡或户籍），你父母的资历（如果有的话），包括你大学加入的一些有全国影响力的协会组织，你的工作单位，你的荣誉，这些都是包装项。

比方说，我的工作单位很普通，但是我的确是中欧商学院私享课导师，有发证的，这个一下子就提升境界了。

在单位或者网络上好好结识人脉，给自己贴标签其实也不难，比如一个人告诉你他是：佛山微博自媒体 100 强，知识型 IP 训练营二期营员，黑马会广东分会理事，正和岛佛山分岛岛邻，广东中小企业商会会员，你是不是感觉这个人还是蛮厉害的？当然以上出身资历纯属杜撰。

甚至你的工作地点都可以包装，比方你说你在伦敦工作生活，是不是马上让很多人肃然起敬？也许你就是在那边洗盘子呢。

实在没有好出身，现在国内很多协会其实都很容易加入的好不好？别以为作协、艺术家协会、书画家协会这样的高大上组织，就很有门槛，只要你有一点长处，做一个普通会员有时候比你想象中简单多了。

2. 学历

很多人对自己的第一学历并不满意，解决方法很简单，本科不好就考硕士，硕士不好就去读一个适合自己的 MBA，有条件读名校，没条件就近读，都行，我们不能指望一张牌赢下全局，普通人的策略是可以在每一个点上都尽所能去改善一点点。

另外学历包装很重要的一个方式就是调整专业方向，你可以通过修第二学历、考研、读 MBA 调整自己的专业知识贮备，扩大自己的工作适应面。

还有一个下本的方式，中国人习惯给自己镀金一个留洋学历，最好还是常青藤名校学历，这样自己马上就成了海归。

3. 证书

这是提高一个人专业形象最有效的方式。比如我看到有个人介绍自己的专业是这样说的：国家二级心理咨询师、美国正面管教资质讲师、儿童游戏治疗师、萨提亚系统转化式家庭治疗师、曼陀罗绘画治疗师、儿童沙盘游戏指导师、中医小儿推拿践行者、父母效能训练 PET 学习践行者、非暴力沟通学习者。

有没有感觉这个人一下子高大上起来了？具体解释一下里面的包装技巧，简单说四点。

（1）聚焦，证书或能力要围绕一个方向去提升。

（2）堆积，虽然实际上不一定越多越好，但显然多还是更能唬住外行。

（3）借势，所谓借势就是用一些大家看起来很专业的术语来提升自己的专业度，比如萨提亚系统是什么？自觉无知能让人低人一等，记住这个心理学规则就好。

（4）换词，我学过中医小儿推拿，我读过《非暴力沟通》，换成践行者、学习者、推广者，如何？

其实这个方法用在我今天谈的七个维度，都是通用的。

如果你想快速提升自己的专业形象，一方面当然是加强学习和实践，另一方面就是花钱报班；这样一方面你可以系统地提升自己，另一方面你就可以多一个有证的外部专属身份了。

没有钱怎么办？那就多看几本书吧，看完说自己是学习者、推广者就好了。

4. 标签

比如，有人说自己是两个孩子的妈妈、母乳喂养倡导者、马拉松长跑爱好者、重度追剧人，这样你是不是对这个人更容易产生话题一些？

你可以给自己找几个有趣，或者很酷的标签，这种标签很容易让大家找到和你沟通和链接的突破口。

当然这种标签当下最流行的名称叫“斜杠青年”，比如你可以说自己是写作爱好者、独立影评人、健身顾问、时间管理达人、穷游旅行族、深度潜水控……

5. 著作

文章：在网络上写的有影响力的文章，只要是阅读量超过 10 万的原创，可以列出来，普通人都不会太多。在小圈子大家都知道的文章，也可以列。如果你在有影响力的刊物上发过封面文章，做过封面人物，也是常用的提升手段。

论文：主要谈发表论文数量、期刊质量、索引收录和论文因子。

专著：这个一般是学术圈要用的，专著不是普通图书，是有限制条件的。

图书：只要你署名作者的公开出版物都是可以的。现在出书不难了，所以很多人被迫给自己的图书加上一个形容词，畅销书《×××》作者，问题是畅销这个怎么算？反正你也没有办法查销量是吧？我给老实做人的一个参考标准，一般专业图书一年超过 2 万发行量才稍微敢说畅销。

电子书：现在很多平台允许你出电子书，如果你没有办法马上出一本纸质图书，你可以说你出版了《×××》电子书，也是能唬住一些外行的。

6. 能力

所谓能力，也就是你实实在在的业绩，这也是最容易玩出注水肉的。

如果你在工作中的确完成了多少大项目，多少销售业绩，策划了多少场活动，这些都好比投简历，可以老老实实写出来，不怕告诉别人。

比如在培训行业，很多人介绍自己的经历：

500 强企业内训讲师，给强生、宝洁、阿里巴巴、百度、腾讯、中国移动、中国电信、国家电网、万科地产、恒大地产、美的集团、海尔集团、三一重工、正泰电气、清华大学总裁班、武汉大学国学班做过 ××× 课程培训，这个如果没有造假，就很有说服力。有知名外企、互联网企业、国企、民企、高校，说明能力得到一致认可。

但现在很多人，在这些方面是过度包装的。

比如你的写作能力，很多人是这样包装的：坚持日更 300 天，累积写作 30 万字，多篇阅读量 10 万 + 原创文章，简书原创作者，原创微信公众号，领英专栏特约作者，×× 报纸 / 杂志专栏作者 / 撰稿人。

我给各位翻译一下：

坚持日更 300 天：嗯，反正也没有什么人看。

累积写作 30 万字：反正大部分都是剪刀糨糊拼凑出来的。

多篇阅读量 10 万 + 原创文章：都是投稿发在别人平台上 10 万 +，并不是自己的能量。

简书原创作者：坚持在简书上写没有人看的原创文章，如果是签约作者会好一点。

原创微信公众号：的确是一个原创微信号，但只要肯写，谁都可以三个月内搞定。

领英专栏特约作者：这倒是一个有门槛的身份。

×× 报纸 / 杂志专栏作者 / 撰稿人：这也是一个有门槛的身份，但大部分人不过是写了几篇稿件而已。

（萧秋水注：秋叶这些翻译也太刻薄了，我已经看到一堆砖头向秋叶飞来……我快点闪开吧……）

比如工作能力，很多人是这样包装的：连续创业者、×× 训练营创始人、××× 在线课程开发者……

为什么这种工作能力更像是注水包装呢？——因为只谈标签不谈业绩，连续创业？公司怎么样呢？ ××× 训练营创始人，规模多大，收费多少呢？ ××× 在线课程开发者，学员数量呢？

7. 人脉

你认识哪些牛人（大师）？你认识哪些有权力的人？（不一定是大家熟悉的人，但拥有实际的权力）你认识哪些有资源的人？

如果你出门聊天，淡定说一句，我的老师是 ×××（一个如雷贯耳的名字），我是他 ×× 年带的学生，一起做过 ××× 项目，是不是一种低调的奢华？

只要能用上的人脉，都需要一点点去整理，甚至帮你的人脉写好在不同场景下的对外身份标签，合理包装，然后形成很好的对外输出的范本。

是不是有了这七个维度的包装，你就可以高枕无忧了呢？还不够，你得形成个人品牌输出。

这里面又分为五个层面。

1. 个人形象设计

你定位自己是怎样的人，你得看起来像怎样的人。我现在的定位是知识型IP，秋叶PPT和知识型IP训练营创始人，所以你们开始理解我为什么要买衣服了吧？佛靠金装人靠衣装，是这个道理吧？

很多明星要做整容手术，也是包装，他们的事业需要他们保持朝气。

2. 个人对外VI设计

普通人对外VI设计包括哪些内容呢？我直接列单子好了。

（1）名片。

（2）宣传彩页（册）（讲师一般需要，个人是单页，机构+课程介绍一起是多页）。

（3）个人形象职业照、生活照、头像照、自媒体照一组，需要定期更新。

（4）电子版个人简历（可随时分享，支持动态更新，比如用最新的H5技术，或者微网页设计）。

（5）如果是讲师，还需要有课程简介、大纲和用户评价以及现场照片。

3. 专业媒体品牌背书输出

在知名的杂志、报纸、电台、电视等传统媒体上做专题报道，是很好的自我包装形式，有了这个，你的经历又可以写上被××电视台、××日报专题报道或新闻报道。

如果上不了传统媒体，就去争取有影响力的新媒体推荐。比如被读书大号十点读书专题推荐，如果能争取到一组新媒体大号推荐也是不错的。

最近我们的剽悍一只猫入选微信新媒体 500 强，我不知道为什么多次被清博网红排名列入前十，不管实际影响力有没有这么大，但客观上就是专业媒体品牌背书。

4. 线下线上讲座或自媒体输出

有了一点知名度，没有影响力也可以勾搭上有影响力的渠道，与之合作做分享，建立面对面去影响一个人的通道。

分享包括讲座、公开课、论坛嘉宾、微课、在线答疑等形式，说白了就是在刷脸，该刷就刷，天天刷，年年刷，持之以恒地刷，不要脸地刷，慢慢地就可以把影响力刷大，刷大以后就可以筛选，只参加有品质的分享，保持品牌的能量。

仅仅刷讲座，吸引的人很容易过后即忘，所以最好在主流平台上开通一个个人自媒体，让大家关注你，形成可以持续运营的影响力。

5. 产品化输出

个人形象有了，知名度有了，影响力有了，营销终极目标还是希望有商业回报。

所以，最后你还得做产品化输出，这个产品一开始还得和你的个人能量绑定，做大了才能形成标准化的可团队运营的产品。

普通人做产品化输出，最简单的是输出付费课程（线下或线上），特别是线上的微课，是很容易做的，只是把课程真正做好很难。

其次，是出一本书。不过出书本身有些难度，更有难度的，是出一本好书、畅销书。

最后，是输出一门有个人品牌的，但不需要本人去直接运营服务的标准化产品，这个不同行业不同玩法，总之到了这一步，我们就开始慢慢不谈个人品牌包装，而是公司品牌运营了。

哎，什么事情都像打怪，你以为通关就好，没有想到过了一关又是一关。

大学毕业后可以直接成为自由职业者吗

我一向是不太赞同大学生直接成为自由职业者的，感觉缺少正规职业的历练，可能会有很大的不利之处。

直到我在知乎上看到张佳玮的故事，遇到泡泡以及戚泽明。他们都是大学毕业就成为自由职业者，而且工作生活相当滋润。

张佳玮说，他是从大二开始就认真写字挣钱，就这样写了八年，没上过一天班。在 2008 年到 2010 年做过一小段时间的兼职，他用写字的收入赚到了自己的吃穿用度——坦率地说，这点我也真是佩服，当然这也是因为张佳玮写得好，一般来说要做到用写字养活自己，是颇为困难的，而且张佳玮可不只是养活自己这么简单，而是养好了自己，还有女朋友。

不过张佳玮的确也有过人之处。2004 年，他上大二的时候就出了第一本书，2005 年出版了第二本和第三本书。开始有稿费收入，后来写体育专栏。到 2007 年，写专栏的收入稳定了。按照他当时的稿费收入和写作速度，每个月大概写 25 个小时，就能维持自己和女朋友在上海的日常用度。

2008 年，张佳玮和女朋友订了计划到巴黎读书，为了存钱，写作量大增。2008 年和 2009 年仅纸媒专栏 + 书籍交稿字数已经超过 70 万字，这个勤奋度也是保障收入的前提。

泡泡是在行的“临时工”，我在 2015 年认识她的时候，她刚毕业一年，给在行做兼职，负责深广两地的事情。在深圳住了半年多，刚到广州去，根据工作需要，也会跑其他城市，比如东莞、珠海。这里说的工作，是她自己的兴趣：拍电影和视频。

她一个人做一个视频工作室。这是她的“正式工作”。

她大学的专业是会计。她是个圆脸爱笑的女孩子。

见到她之前，我先收到她的短信，她和我约时间，在行 APP 给每位行家现场化妆并摄影，专业的效果当然不同，我又好奇，所以去了。早晨十点多赶到 3W 咖啡时，看到门口桌子旁坐着一男一女两位化妆师，桌上摆着满满当当的化妆箱，我就觉得，来对了，太好玩了。

泡泡出来招呼我，抱歉地说，没想到各位老师都来得这么早，需要依次进行，我说没关系，那就等吧，因为预料到这种情况，我还带了书。不过我也没读书，因为时间都用来和其他行家聊天了——在行的每位行家，主题聊天都是要收费的，虽然我们是闲聊，不过感觉还是很占便宜的哈——泡泡中间对我们的话题感兴趣，也加入进来。有位行家是做出口蓝牙音箱的，拿了刚拍的视频出来，是在美国找一位刚毕业的大学生拍的，花了 6000 美元，效果不错，泡泡说她做的就是这类视频的业务，知道她专业其实是会计后，我们都感觉这个反差太大了，往深里聊才知道，她其实一直对广告感兴趣，报专业时，前三个志愿都是广告新闻类，但没想到，最后录取的是会计专业，想了想还是去上吧，不过实在不感兴趣，上学的时候经常出去玩、拍东西，所以毕业的时候也只拿了个结业证。

她喜欢自由，毕了业就想单干，为了学习，曾经到一家小公司做了半年产品助理，觉得可以了，就立刻回归到自由状态。自由职业海阔天空，收入不固定，不过自己觉得挺好。在行的兼职是朋友介绍的，双方都比较放心。深圳这边已经是第四次拍摄了，她已经驾轻就熟。

有些人喜欢自由，这就是他们的追求，他们不在乎吃好住好玩好，只要是自己喜欢的事，就愿意去做。她说现在正在拍微电影，不是商业片，是创意性的，想拿去参加电影节。会计和电影，的确像是有鸿沟，不过，又有什么不可能呢？她说这个专业也有好处，拍完剧算成本的时候，就显出优势来了。

她说不在乎别人怎么看自己，包括工作是不是稳定啊，收入怎么样啊……闲聊到买房的问题，她说自己就没动过买房的念头，反正就是希望满世界跑，我说："是啊，现在都是世界公民了。"她说："不对啊，是宇宙公民。"这个想法很赞！

我以前觉得，如果大学毕业后直接做自由职业，可能在专业方面有所欠缺，不过泡泡专业度很强，虽然在聊天，她也留意着周围的动静，怕误事，别人招呼她，她立刻回应。中午还在拍摄，饭都来不及吃，我让她先吃饭，她说没关系，习惯了。摄影师插空吃饭的时候，也聊了几句，他们比泡泡多一个人，是两个人的摄影工作室，也是工作几年后，觉得更喜欢自由，于是辞了职，问他们的收入情况，说反正比全职的时候好，而且是做喜欢的事，感受的确不一样。说忙完这个事情后就要去景德镇拍些瓷器。

因为是从上午等到中午才能拍，泡泡一直说抱歉，我说没关系，和大家聊天也挺有收获的。泡泡对我来说就很有新鲜感，听说现在有很多这样的 90 后，不过见的还少。

20 世纪 60 年代的人，可能还怀念计划经济的安全感；70 年代的人，可能还需要适应移动互联时代；然而，80 后已经完全没有计划经济等概念，他们是互联网的原住民；到了 90 后，又有自己的习惯和思想，和上一辈人都不同。

世界变了，人各不同，各有自己的追求和梦想，也有自己想要的工作和生活状态。其实世界一直是这样，只不过以前的世界，知识更新和意识形态变化都没这么快速，所以一代人与一代人之间的差异不算大，只是现在不再是祖祖辈辈都按一种模式生活的时代了。

其实，怎么活都好，只要是自己想要的，而不是被动接受的。

案例

潘东升：
刚毕业不久的他已经是新媒体运营熟手

过去，他是一个普通大学的普通学生，

在毕业不到2年的时间里，
他从实习生到区域经理只用了三个半月。
3个月做过4个不同主题的10场在线分享，
花费了近万元去参加各种学习，
公众号粉丝从10000增加到50000。

他曾是——
学校里的风云人物。
良品铺子区域经理。

姓名：潘东升
性别：男
标签：新媒体运营 / 校园渠道 / 门店管理
年龄层级：90后
身份：斜杠青年

他现在是——

分答认证 / 千题答主。

新媒体运营 / 校园市场达人。

运营研究社人气分享嘉宾。

某创业公司运营顾问。

萧秋水：东升刚毕业没几年吧？多大了？

潘东升：24 岁。

萧秋水：你的三个标签很有意思啊，能不能详细解释下？

潘东升：分别是这样的：新媒体运营（目前运营四个公众号，有个人、职场和校园三个方面，共计 50000 大学生粉丝）。

校园渠道（线上和线下的校园应用推广和企业品牌推广方面）。

门店管理（良品铺子区域经理，对于线下门店管理有一定的经验，管理过近 40 家门店）。

萧秋水：一听“良品铺子”，就让人流口水啊，有太多好吃的零食，有种杧果干我特别喜欢。那你在学校的经历是不是帮助了你进入良品铺子？

潘东升：是啊，在学校的时候，我在校创业者协会担任副会长和品牌创新部部长，校创业基地任项目部干事，在此认识了很多的高校社团会长和主席，同时对于创业和团队管理有自己的认知；在金山 WPS 以及腾讯微博和校导网做过校园大使（此期间主要负责产品的品牌推广和拉新，一个月内邀请了120个社团到网站注册官网，做过两场线下会长论坛，超过30个会长参加）；大三的时候在广州做过网络优化（此期间还兼职电话销售和客服）；两个暑假，四个月的时间，对于电话销售，主要克服了自己害怕给陌生人打电话的恐惧。客服让我对回答问题更有耐心，SEO让我了解了网络推广的基本知识。

大学毕业以后，我就进了良品铺子工作，做过一年的区域经理（累计管理过40家门店），熟悉了门店的财务、人员、考勤、巡店、商品、促销、市场等基础管理方面。

萧秋水：有没有特别精彩的故事想要分享出来的？

潘东升：大学3年累计和超过5000名大学生聊天，因此对于大学生的情感、创业、学习、社团活动、市场推广、兼职各个方面都会有自己的见解，在这个过程中，我和很多学弟学妹成了朋友，同时也促成了三对情侣，解决了一些大学生成长的困惑；同时由于说话比较直接，也被一些人拉黑过，或者产生了一些误解。

萧秋水：这个工作量可以啊！这是一手资料，所以，你在大学生这方面的确有发言权。进了良品铺子之后呢？

潘东升：在良品铺子工作的时候，我当上区域经理的第二个月，区域有四分之一的人离职，有一个星期的时间，我特别迷惘，想辞职，后来自己安慰自己，哪怕你走了，别人来到这个岗位，也会解决这个问题。于是在一个月内，我招聘了20多人，打破公司纪录，区域内就算连开 6 家门店也不缺人。

还有就是，在创业者协会期间，跟着前任会长去企业拉赞助，同时也去联系像统一、可口可乐这样的大公司，因为没有人脉，就直接去了工厂，在吃了几次闭门羹后，在门口遇到领导的好心接待，公司终于同意了我们的请求。在这期间，也去了武汉超过 50 所学校，联系组织交流会，最终邀请到 33 所高校社团参与，成为至今武汉地区非官方最大的社团交流盛会。

萧秋水：你刚刚毕业没太久，为什么就会在正职之外还从事兼职呢？时间上顾得过来吗？

潘东升：想赚更多的钱，学习更多的东西，为创业做铺垫。

本身我工作时间比较自由，因为每天都是出去巡店，而且早晚班时间自己安排，经常会在路上构思写作思路，对于本职工作一般会提前完成（主要是每天查看工作邮件，晚上进行总结，把第二天需要做的事情及时做完），保证自己的工作不会影响到业余时间。对于偶尔的加班，一方面自己熬夜，另外一方面请朋友协助完成自己业余的工作（主要是平时注重积累这方面的学生资源）。

萧秋水：我突然间有点好奇，东升，你家里是做什么的？

潘东升：家里是做生意的，可能从小对我就有影响吧。

萧秋水：就说嘛，我刚才敏锐地感觉到，可能会和家庭相关。那为什么选择新媒体呢？

潘东升：选择新媒体，主要是因为自己大二时玩 QQ 空间，慢慢地达到每天 6000 的访问量，同时也创造了 10 万次分享的文章，后来大四找工作的空档期和协会的小伙伴一起用微信平台做校园 O2O，最后失败，然后自己一个人开始运营平台，慢慢地接触到广告收入。觉得是一个赚钱的机会，同时因为一直跟学生在一起，所以自己会有一个年轻的心态，能够及时接触很多的新东西，和一群志同道合的人成为朋友。

对于校园渠道方面的资源中介，主要是自己做过校园大使，同时也积累了很多校园推广机构，偶尔朋友找我帮忙，让我觉得中介有可观的差价。

萧秋水：能否透露一下兼职收入的来源和收入数额？

潘东升：（每月）新媒体广告费约 5000 元；资源中介服务约 2000 元；校园渠道推广约 1000 元；销售产品或服务约 1000 元；其他（比如代运营拿原创、分答、线上讲课）约 1000 元，同时即将开通在行等其他平台。每月整体平均约 1 万元。

萧秋水：相当励志啊！毕竟你是刚毕业的大学生。相比那些找不到工作就抱怨社会的，我觉得东升真的是个好榜样！

潘东升：被教主说得都不好意思啦！

萧秋水：你都拥有哪些核心技能？怎么培养的？

潘东升：网络搜索优化：平时自学和在广州实习学到的。

快速结识关键人：自己摸索，经常会通过各种平台去找自己想要的资源。

新媒体运营推广：自学和微信以及 qq 群。

校园推广：自己总结过高校新媒体推广、校园推广和社团管理方面的文章，被各大媒体转载。

萧秋水： 你认为普通人如何修炼才能成为斜杠青年？

潘东升： 首先找到自己喜欢或者能坚持做下去的事情，那么就要先去多经历才能知道有哪些选择。

然后去围绕这一个方面不断地拓展人脉、资源和知识，去实践，把一个事情先做好，再去把和这个事情相关的东西做好。比如你想要运营公众号，到后面你会研究排版、图片设计、活动策划、用户运营、推广等一系列的知识。

有了一定的能力后去宣传，让自己得到更多的曝光并产生知名度。

萧秋水： 列一下你工作和学习中最常使用的工具？

潘东升： 微信和 QQ，并没有像其他人那样，使用很多的软件或者工具，比如有的人喜欢用各种笔记工具来记录东西，而我会选择微信的文件传输或者手机 QQ 上“我的电脑”来记录（这样电脑登录 QQ 会自动弹出消息，完全不会忘记），重要对话会选择置顶。很多资源也可以很好地利用 QQ 群搜索或者微信搜索，还有就是自己的人脉资源或者推广，大多都会用到这些。

所以有一定的好友管理能力以及文件管理等小技巧都能让自己的效率得到提高。

当然目前自己也在学习其他方面的知识，比如 PPT 和图片设计以及思维导图等基础方面的。

公众号：潘东升

（微信号：pan-ds）

王立登：
他在网上收获了事业和爱情

姓名：王立登

性别：男

标签：坚持成长 / 时间管理 / 晨型人 / 阅读

年龄层级：90 后

身份：斜杠青年

王立登，用坚持成长践行每天进步一点点的分享者。

他说“教”是最好的学习方式，

于是发起“益分享”，

用一群人的分享带动一群人的成长。

他说要每天进步一点点，

于是发起“坚持成长棒棒团”，

用一群人的坚持支持一群人的成长。

他说学习是最美好的时光，于是发起“享英汇”，

用“阅读 + 分享 + 提问 + 总结 + 点评 +

奖励”的方式，

陪伴一群人的成长。

他习惯社群化成长，

做自己喜欢的事，做到最好。

然后带着一群小伙伴一起玩耍，

在玩的过程中顺便赚上一笔，

从而进行良性循环。

他喜欢读书、爱好跑步、乐于分享。

他现在是——

自我管理和时间管理达人。

益分享学习社群创始人。

坚持成长棒棒团发起人。

一页纸时间管理训练营发起人。

精英早起团发起人。

享英汇发起人。

萧秋水：立登毕业才一年多吧？不过进步很神速啊。

王立登：是的，2015 年 6 月份本科毕业，因为微博勾搭到偶像导师袁岳，加入其创业团队，一起做水晶门，关于职场视频招聘的一款 APP，主要负责 APP 运营。后来因为团队磨合和项目执行问题，选择了离开。

2015 年 12 月因为一篇文章《我是靠哪七招学会坚持的》火爆简书、豆瓣，有幸被现在的老板看到，后来见面沟通，通过几次交流之后，正式加入这个团队（社群书院）负责“约读”项目，直到现在，主要做的有运营公众号、读书、写作、七天领读、线下读书会。时间上比较自由，管理层面老板也比较信任，所以目前做得也很快乐。

萧秋水：咦，这和自由职业似乎也差不多了啊。

王立登：对，就是既有固定收入，时间上又特别自由。

萧秋水：这可真是很多人梦寐以求的状态啊。感觉立登就是因为有好的个人品牌，所以拥有了这一切。

王立登：我也没想到能够通过个人品牌（微博、微信）获得工作，通过社群遇到了真爱。

在大学的时候，由于做了三年的社团，也做到了社团负责人，所以对外宣传很重视，尤其是个人品牌，所以也在认真玩新浪微博，通过读书笔记和听课笔记，顺利勾搭到了大 V 袁岳，于是和他有了互粉互动，在 2014 年 12 月本科大四的时候，通过微博获得了去零点集团实习的机会。2015 年 6 月正式加入旗下的创业团队水晶门，做 APP 运营。所以玩好微博，树立好个人品牌也是一件很重要的事情，当然还有很多很多的收获。

2015 年 8 月，因为在秋叶大叔 PPT 学员群里分享之后汇总整理的一篇文章《我是靠哪七招学会坚持的》，发布在简书和豆瓣之后火爆了，所以我自己也建立了一个读书群，当时在微信朋友圈开放了，所以有了现在的同事入群，当然前期我是不知道的。

那时候，基本上每天都在群里分享一本书，也是每天读一本书。有一天群里的小伙伴把我的那篇火爆文章发了进来，问我：这是你写的吗？我确定之后，结果现在的同事把它分享到了他们的公司群，因此被老板看到了，而正好因为前期众筹了一块钱加入的社群书院，是微信好友，所以老板微信约线下见面，本来说好的兼职合作，三次沟通之后，我决定全职加入，于是就有了现在的工作，在社群书院负责约读项目。

一次通过微博，一次通过微信，这是两次找工作的经历，有时候个人品牌做好了，真的会有工作找上门来，所以这也是我如今依然坚持做微博、微信朋友圈的原因。

萧秋水：等等，刚才还有说到通过社群遇到真爱？听上去是个浪漫的故事啊？

王立登：是这样的，去年八月份的时候，我建立了益分享每周一书群，然后开始在群里分享内容，因为忙碌，需要招募助手，所以萍萍来当助手了，当然那时候的助手工作主要是整理大家的分享，然后每周日发到我邮箱，我又是那种不怎么严格要求别人的人，所以基本上是助手自愿在做，结果没想到的是萍萍基本上每周日都会按时发给我。这让我很吃惊。

后来因为渐渐熟悉，萍萍又加入了我发起的坚持成长棒棒团，我们是每月一期，每期 21 天，定目标，坚持成长，学会分享。参加一期之后，在今年 2 月她来当助手了，当然前面因为比较熟悉，所以我也就比较放心，但后来发现我们合作起来特别默契，所以在 3 月，我就放心地把棒棒团交给她了，她成了负责人，开始当家。

在接触的过程中，我发现这个女孩真的太棒了，正好我也喜欢，于是在 4 月末，她生日的那天正式表白，虽然现在是异地，但依然在努力。

就这样，在我发起的社群坚持成长棒棒团，我遇到了自己的真爱。如今我们依然在一起成长，参加微课、训练营，一起开拓自己的视野，因为这样我们才能够有更多交流的点，也才会一起越来越好。

萧秋水：那么你做这么多事，还恋爱，你时间上怎么合理安排的？

王立登：从事兼职，其实是因为我自己的学习社群“益分享”，它是我从大学的时候（2013 年 4 月 23 日）就开始做的，从一个人到校园团队，然后又到一个人，再到一个网络协同团队，有时候人多了，责任也就大了，就像我们棒棒团的那句话：一个人快，一群人远。有这么多人的支持，我们不得不往前走。当然核心的还是收获了很多东西，比如成长，真爱，还有金钱的回报。

时间层面，有两个时间段，一般是早上三个点，会做自己喜欢的事，读书，写作，顺便把自己公众号的文章更新了。然后就是下班之后，一般晚上 7 点为节点，开始做自己的事情。因为我们工作的时间一般比较自由，是自己说了算，下午五点半之后基本上就可以下班。

当然因为社群是随时随地运营和管理，所以这也是现在工作给我的一个最大的福利，就是时间比较自由，自己说了算，因此基本两者互不影响，而且还是互相支持的。

当然即使是偶尔的加班也不影响，另外我想说的是助手很重要，现在我一般都做战略性的决策，具体执行都有助手，三个训练营都有，所以时间上基本上没有压力。

萧秋水：当初因为怎样的契机做出了这个选择？

王立登：选择这样的兼职，其实是因为当时大学时候的社团经历，因为大一做社团负责人，在做了半年之后，和导师有了点分歧，被迫离开，所以开始自己做社群，然后一不小心就走到了现在。当时的想法很简单，就是做一个可以自己做决策，自己说了算的项目，当然那时候想的是校园社团，但是后来因为接触网络比较多，所以成了一个全国性的社群，然后有了更多人的加入，也就一直走到了现在。当然这个过程中最关键的一点就是自己有很多的收获，比如个人成长，比如通过微博勾搭到了一些大V，甚至也因为如此有了出版社和作者的免费送书，再到后来的实习、工作和个人品牌。越成长甜头越多，甜头越多，发展越快。

萧秋水：能否透露一下兼职收入的来源和收入数额？

王立登：目前主要是微课分享，收费社群（一页纸时间管理训练营、精英早起团、便签成长特训营、坚持成长棒棒团），文章投稿和打赏，其他。

其中微课分享收入一般 600 元左右，社群收入 3000~4000 元，文章投稿打赏 200 元左右，其他 500 元（这里面的其他指的是不确定情况，比如分答的收入、喜马拉雅的分销、帮别人解惑之后的红包感谢）。

每月兼职总收入在 4000~5000 元（从三月份到现在的平均数）。

萧秋水：你觉得自己的核心技能有哪些？怎么培养的？

王立登：我总结了一下应该有八项：

1. 坚持成长

尝试每天固定的时间坚持做一件固定的事情，我自己坚持过的有读书、写作、跑步。也因为两年多的坚持，在 2015 年 8 月份发起了坚持成长棒棒团，所以有了一群人的坚持。对于这个技能的培养，建议加入一些监督群一起来。

2. 时间管理

这个也是我在 2012 年开始修炼的，最关键的其实是从记录开始的，当时有连续三个月的时间记录经历，当然真正修炼到一定程度是 2013 年担任社团负责人之后开始真正忙碌的原因。所以培养这个技能，一方面可以通过计划、执行、记录，同时另一方面让自己更加忙碌，然后慢慢挑战，适应就好。

3. 总结能力

真正发觉自己开始加速成长是在刻意总结输出的时候，那是 2013 年 8 月，那时候自己有一个习惯，就是什么事情都要总结，也是做社团负责人练出来的。从团队项目的总结到个人的总结，然后一发不可收拾，即使今天也依然。比如每周的总结，每月的，每年的，还有每件事情，包括听分享，读文章，遇见事情。基本上都会做总结。所以这个能力最好的培养方式就是从周总结开始，然后逐渐到事情的总结上。

4. 学习能力

这是核心的技能，也是目前我认为最重要的，因为通过这个我们可以更加快速地成长。而这个里面有四个点，那就是跟人学，跟事学，跟书学，跟网学。所以只要在这四个形式上练习，基本上都可以很快地看到自己的成长。另外一个就是态度很重要，所以建议小伙伴们能够更加积极主动一点。

5. 阅读能力

这也是我现在工作最考验自己的一个能力，因为大部分时间我都在读书，所以阅读能力提升得很快。这个里面有个关键的点，那就是不断地进行练习，这个练习就是从只字不差的阅读开始，因为你会发现真的是越读越快。同时量上也要有所增加，我是从每周一本书开始练习的，如今基本上每天阅读一本书也不是什么问题。当然如果书籍对你来说还有挑战，那就从每天三五篇长文章开始读起。

6. 写作能力

写作能力是核心技能，因为很多时候，我们的影响力就是从这块儿来的。我是从 2014 年开始写作的，从那时候刚开始的每天一个状态，到现在每天几千字甚至几万字也不是什么问题。所以，我给大家的建议就是从开始写作练习起来，然后每月固定的增量，刚开始不敢保证质量的话，可以先增加数量，比如从每天 100 字到每天 500 字，然后再提升质量。如果你愿意还可以投稿到一些网站，这样也就知道自己写得如何了。在有了一定的行动之后，那么我们就要通过读书或者请教老师的方式看看自己的写作修炼究竟是不是正确的。

7. 个人品牌塑造能力

作为一个斜杠青年，其实关键还得有个人品牌，这样我们才能够不断地升值，因此这个时候运营自己的社交工具就成了最大的挑战。当然要是好的话，可以对每个平台做个定位，然后开始执行。刚开始不会玩的时候，可以先注册进入，然后再系统地看一些书籍或者文章，之后就是真正的练习。比如我们的新浪微博，怎样写容易读，什么内容能勾搭到大 V，如何引起大量的转发。

8. 社群运营能力

最后我们再提一个社群运营能力，当然这个也不是很难，基本上只要进入的话适应起来很快。为什么要提到这个能力，因为如今我自己兼职的大部分收入都来自这块，当然你要是讲课好也可以合作，但跟别人合作你得有个人品牌，让人知道。但合作不了的时候，就得自己行动。

这方面的培养，如果你没有组织经验，那就从加入一些优质的群做助手开始，就是去做很简单的工作，可能是整理、主持，但时间长了你就会了解到社群运营的一些门道，当然还可以看一些这方面的专业书籍。

萧秋水：总结得不错。不过，立登，我给你提一个小建议：你的文章写得很好，总结也不错，如果能够再言简意赅，用更少的话表达精准的意思，就会更好一些。

王立登：谢谢教主的建议。

萧秋水：身为斜杠青年，你认为普通人如何修炼才能成为斜杠青年？

王立登：这次我言简意赅，总结三点：

1. 给自己贴一个标签

在我看来，普通人修炼成为斜杠青年，最关键的一点在于有自己的标签，即使只是一小部分人知道也是可以的，要是这一小部分人能够为你付费那就更棒了。比如阅读、写作、时间管理等，都是可以的。

2. 通过写文章或者做社群的方式加强标签

就我自己来说，目前别人邀请去做的微课分享，大部分是因为我的爆文找上门来的。而圈子内的影响力，就是我做社群起来的，比如我们坚持成长棒棒团，如今已经有一年多的时间，也有了 2000 多人参加，100 多人进入核心群，所以基本上在这 100 多人里就可以成为一个小的圈子领袖。

3. 持续不断地输出分享

一个强有力的 IP，必须是一个能够持续不断产出作品的人，所以我们要持续不断地分享，因为分享是成长最好的方式，无论是群内的简单分享、有意识的专场分享，还是文章分享。

萧秋水：效率这么高，在工作和学习中都使用了哪些工具？

王立登：APP 方面：

1. 微信：个人号，目前社群和工作群都在微信，听课分享也大多在这里，还有社交关系，见面加微信。公众号，自己做的，还有读自己信任的人的文章。

2. 微博：主要是写文章和勾搭大 V，也算是个人品牌树立的一个平台。

3. 得到：知识新闻，付费专栏文章的阅读。

4. 简书：写作。

5. 备忘录：记录琐碎事情。

6. 有道云笔记：团队在线协同；知识管理。

7. 喜马拉雅：付费音频。

8. 微信读书：电子阅读。

9. 优酷视频（网站）：观看一些视频节目。

10. 朝夕日历 / 千聊：分享微课，听微课。

11. 知乎：搜索解惑，查看内容。

12. 新生大学（APP）：笑来老师的收费社群。

13. 分答：提问解决疑惑。

14. 豆瓣：读书笔记。

硬件方面：

笔记本电脑；平板；手机 + 蓝牙键盘。

萧秋水：

哈哈，立登，果然又是一个好长的列表，不过非常有价值！

曹将：
骨子里很文青的 PPT 达人

姓名：曹将

性别：男

标签：PPT/ 知识管理 / 工具控

年龄层级：80 后

身份：斜杠青年

曹将是个普通的上班族，

他有着普通人的喜怒哀乐。

他觉得自己不懂的东西太多，

所以每天写日记，

这些聚集到一个公众号里。

别人给他的标签是“PPT”，

因为他出过一本书，

叫《PPT 炼成记》。

但他想证明自己不只是一个工具，

所以他不断挖掘自己的潜力，

比如手绘，比如文字，比如摄影，比如

研究分析。

终于有一天他发现，

文字也能得到他人的认可，

一个关注量 6 万多的账号，

能收获平均 1 万的阅读量，

这个成绩不大，

但足以让他窃喜。

曹将觉得自己是个普通人，

跟很多人一样在努力过好每一天。

他觉得这样挺好，这样就好。

萧秋水：曹将，你的公众号可把我给害惨了！

曹将：啊？这怎么讲？

萧秋水：你天天研究各种 APP，各种硬件，我看了你写的文章后那真是各种种草，然后银子就哗哗地流出去了，而且看你的公众号留言，像我这情况的可不只一个人两个人。

曹将：噢，原来教主说的是这个，可惜推荐了那么多 APP 和硬件，也没广告费。不过能够帮大家节约时间，我就很开心了。

萧秋水：现在你的公众号影响力越来越强了，听说你们公司内部就有不少粉丝？

曹将：还真是。有天我去集团的子公司调研，结束的时候双方互加微信。那人看到我的微信号后，说：你微信叫曹将啊！我有关注一个公众号，也叫曹将。

然后我说：哦，那就是我。

画面瞬间凝固了 2 秒钟。

然后两人都哈哈大笑。

萧秋水：哈哈哈哈，有趣……那你为什么会在正职之外从事兼职？

曹将：其实只是个人兴趣，从小爱写东西，从日记到 QQ 空间，再到人人网、博客、微博、公众号，算是个人兴趣的一以贯之。

萧秋水：怎么合理地安排时间？如果本职工作也经常需要加班，又如何在业余时间进行兼职工作？

曹将：在时间安排上，因为工作本身就涉及码字，所以有些总结剔除了机密内容，放到自媒体也算是一个自我总结过程。而其他内容，也是建立在自己平时的使用上，比如 APP 测评、职场技能整理，所以写下来花的时间不会太多。

萧秋水：因为怎样的契机才做这个呢？

曹将：其实就是一直以来的爱好，只是偶然之间发现还能赚点钱，哈哈。

萧秋水：说得真是轻描淡写啊，方便说下赚了多少钱吗？

曹将：目前兼职年收入大概在 10 万，主要来自《PPT 炼成记》的销售和自媒体的打赏。

萧秋水：那你都有哪些核心技能？如何培养的？

曹将：第一，PPT。配图什么的都不在话下，这是做过 150 多个高质量 PPT 后的自然成果。

第二，写作。一直以来的爱好，所以不存在刻意培养的问题。

第三，逻辑思维。我的工作主体内容是基于调研写报告，这对逻辑思维要求高，经过相关的锻炼，写自媒体文章跟它比起来确实难度小不少。

第四，效率。是的，这也是一种能力，特别是如何借助 APP 来提升工作效率。

萧秋水：作为一个优秀的斜杠青年，能不能给想成为斜杠青年的人一点意见？

曹将：先不要做斜杠青年，先做延伸青年。最好是基于本职工作的延伸，毕竟是青年，还没有太多的积累，本职工作仍然是收入的主要来源和精力的主要着力点。那不如找到工作相关可以延伸的地方进行发力，比如总结规律写文章，不累，又能让自己 8 小时之内保持发现的眼光。

萧秋水：你已经在公众号里推荐了不少工具，那现在就精简一下，只说一说工作和学习中最常使用的工具？

曹将：哈哈，针对这个问题我可以写一篇长文了！

硬件：Surface Pro 3：工作主力机。综合了轻便与效率，能够应付大多数软件，连上公司的显示器，双屏操作，效率翻倍。

iPad Pro 9.7+Apple Pencil：生活主力机。看电影，看电子杂

志，读电子书，以及涂涂画画，都是最佳伴侣。

iPhone 7 plus：生活最佳伴侣。无论是双镜头拍照，还是看短文做笔记，都是最佳！

Bose Quet Comfort 35：出差、午睡、工作利器，戴上它瞬间与外界隔离，全身心投入到想做的事中。

软件：太多了！

Paper53：最省心最贴心的绘图 APP。

印象笔记：最强信息搜集软件。

OneNote：有了它之后很少打开 Word 了。

潮汐：工作、午睡时候听它很容易静下心来。

XMind：思维导图就用它了，很方便！

格志：每天在上面写日记。

Instagram：省心的修图工具，出品质量超赞！

哈默：
那个跑马拉松的风一般的男子

哈默曾经是一个 180 斤的胖子，

备受冷落。

他坚持跑步 7 年，

完成了 6 个全程马拉松赛事，

并夺得迪拜马拉松华人第四。

姓名：哈默

性别：男

标签：三级拆书家 / LinkedIn 专栏作者 / 简书推荐作者 /PPT 设计师 / 迪拜全程马拉松华人第四

年龄层级：80 后

身份：斜杠青年

他大学因成绩不好，转专业未果。

他努力拼搏，保送研究生，

并夺得北航 2 万国家奖学金。

过去的一年，

他用 2 个月成为领英专栏作者；

他用 2 个月成为简书推荐作者；

他用 4 个月成为三级拆书家；

他受邀入驻十大主流自媒体平台；

数篇文章阅读量 10W+。

他创立了早睡早起社群，

帮助数千位小伙伴养成了良好习惯。

剽悍一只猫：哈默，你的标签可不少啊！除了前面列出的，你还是 Office 达人和减肥达人，标签太多了都不好放。不过我对你这个“迪拜全程马拉松华人第四”的标签特别感兴趣哈！那你本职是做什么工作的？

哈默：我的本职工作是中国石油的一名设备工程师。

剽悍一只猫：哈，这又是个标签。

关于跑步，有没有特别精彩的故事想要分享出来？

哈默：2015 年以前，我都是一个打着跑步标签的男子。基本全国各地跑马拉松，每次同事或朋友遇见，都会问我：“咦，这周末没去跑马拉松？”

2015 年因工作需求，我被派遣到迪拜工作。由于国外没有亲朋好友，也没有聚餐闲谈，空闲的时光多了起来。每天跑步 1 小时，还有 2 小时时间供利用。我当时想提高 Office 技能，在知乎上练习 Word 和 Excel 教程，但看到 PPT 教程我会自动跳过，因为感觉 PPT 教程花费时间较久，也难把握。直到有一天，我看到一个超炫的 PPT 动画，内心压制不住激动，然后我深信这就是我所喜欢的酷炫东西。从 2015 年 9 月末起深深爱上了 PPT。我加入到锐普 PPT 研究院，经过近半年的磨炼，成了 PPT 研究院指导老师和 PPT 设计师。然而这时，还要备战迪拜全程马拉松。

拿到迪拜马拉松华人第四后，我回到了国内工作。突然发觉，自己已经赶不上国内的步伐，很多事情都被我短浅的眼光搁浅了。故今年 5 月至 6 月，利用出差和端午节机会，我去了上海、广州和深圳，拜访了 25 位不同领域的牛人。与他们交谈后，我了解到未来知识经济的发展趋势。

为此，我开始努力写作，曾经为了拿到简书推荐作者，连续输出高质量的文章，日更的那一周拿到推荐作者；开始努力拆书，为了拿到最高级别的三级拆书家，连续拆书六周；开始探索写作平台，为了摸清 8 个写作平台运行机制，反复尝试数十次。最终，看到一点点成果的时候，我发觉有时候人们认为的不可能其实是另一种心智上的智障，一种故步自封的结果。

剽悍一只猫：好厉害！感觉你很会安排时间啊？做了这么多的事！

哈默：今年回国后，我发觉在工程设计方面，自己再厉害，给他人世界带来的光亮也很有限。我反复思索如何让自己能帮助或影响到更多人，而那时国内微课如火如荼，我从别人的分享课程中得到了一丝感触。我开始努力写作，经营各个写作平台，并运营自己的“早睡早起”社群。通过这些方式，我把更多技能分享给网络读者，并通过社群链接帮助更多人养成良好的习惯。在这过程我收获到极大的幸福，这是一个人再厉害也无法获得的。

时间主要在晚上和周末。早上可供利用的时间不多，因为我住得离公司较远，早上 6 点半的班车，基本 6 点就要洗漱和准备出行。

因为有自己的业余爱好，所以平时更加注重加强时间管理，提升工作效率。尽量当日事情当日毕，一天的任务尽可能在下班前完成。如果实在要加班，就把业余工作量都挪到了周末，故有好几个周末都会在咖啡厅度过。

剽悍一只猫：我注意到你特别强调分享，分享的意义你觉得是什么呢?

哈默：我希望周围人因为自己的存在，哪怕有一点点好的改变，就非常幸福。而这样的价值观，就引导我走入分享的道路，而网络写作、社群运营及微课分享，是更好地将自己的观点传达给别人的工具，而我就在持续写作输出中，顺其自然地运营了社群，开始了微课分享。

当时的契机是我回到国内听了几期微课，听课人数近万。当时我受到了极大的触动，幻想着有朝一日若能把自己的想法传达给万人那将多幸福，通过持续的写作输出，终于几个月后得以实现。条条大路通罗马，应该是指只要确定好方向，持续耕耘，总有一天你想要的和想见的会回到你身旁（比如现在想见的秋水教主，也因为持续写作分享有了连接）。

剽悍一只猫：我当初也是见了秋水老师以后，收获特别大！能不能透露一下兼职收入的来源和收入数额？

哈默：兼职的收入：各个写作平台的打赏、写作平台的自媒体广告流量、线上分享课、线下分享课，出版社免费赠书这种省下来的买书钱应该也算被动收入吧。

收入数额，每月差距很大，主要看自己当时的状态和接活的数量。

剽悍一只猫：拥有这么多标签，你觉得自己的核心技能是什么？如何培养的？

哈默：拆书技能：这个是确定了目标后持续化刻意练习，拆书四个月获得，其中有六周连续拆书。

专栏作者：输出倒逼输入，制定每周输出量，从而逼迫自己一周至少阅读 3 本书而获得的。

PPT 技能：首先自己感觉很酷炫，心理上认同这个技能。之后大量练习网络优秀教程，加入 PPT 研究院社群，通过担当研究院服务生和指导老师，认识了一群 PPT 达人，持续接受刺激锻炼而得。

跑步技能：这个是因胖子经常被打击，而持续强制自己锻炼，最终形成习惯而得。

剽悍一只猫：你认为普通人如何修炼才能成为斜杠青年？

哈默：很多人，当你告诉他业余时间要专注一件事时，他们都点头称赞，但遗憾的是他告诉你他没有自己的兴趣。其实，兴趣是靠不断尝试和持续花费精力获得的。就如跑步，在我是胖子之前我从未想到我此生会和跑步有关联；再如写作，我半年前都不会想到会爱上写作。前期不断尝试新事物，你总能找到某项能轻易比别人做得好的事情。然后持续投入精力去练习，你在熟练和收获的过程中不断激发兴趣。而此时，当你的兴趣产生，继续深挖精进，日积月累总会积淀成你的技能或标签。其实任何斜杠的产生机理大致就是这样“尝试—发觉—开始—专一—坚持—重复”。

剽悍一只猫：真棒！能不能说下工作和学习中最常使用的工具？

哈默：印象笔记、Lighten、喜马拉雅、得到、奇妙清单、简书、知乎、锤子便签、微信读书。

公众号：哈默是个 P
（微信号：Hamo-P）

李颖聪：
他在大山里一边扶贫，一边练字

姓名：李颖聪
性别：男
标签：毛笔书法
年龄层级：90后
身份：自由职业者

三年前，他成为体制内的一员。

当他明白："在体制内的人，应该保持随时离开体制的能力。只有每天进步的生活，才是真正的稳定。"

他利用业余时间在网上分享书法，从2015年至今累计教授4000+学生。

加入知识型IP训练营，和牛人们抱团成长。

他曾是——

小县城体制内的一名技术员，

偏远乡村精准扶贫第一书记。

他现在是——

自由职业者。

跟谁学平台人气书法老师。

DISC 双证班认证讲师 & 顾问。

DISC 双证班社群百大推荐讲师。

萧秋水：颖聪，先谢谢你给我写的“上善若水”条幅，还有“明月前身”“流水今日”的团扇，凡来我家看到的人都说好。

李颖聪：教主客气啦。

萧秋水：颖聪，你的标签是毛笔书法，这是业余爱好对吧？你正职是做什么呢？

李颖聪：2013 年大学毕业后，我就在四川省乐山市峨边县的一家事业单位工作，目前被派到当地的偏远乡村担任精准扶贫第一书记。

萧秋水：哇，李书记，有没有好玩的故事要讲讲的？

李颖聪：2016 年 7 月 11 日，我正式上任精准扶贫第一书记，我本来不想去，但被逼无奈，单位领导说：“这是任务，你没有选择。”我就只好硬着头皮去了。

当地的工作生活条件和城市差距甚远，但我从未放弃学习提高自己，因为有 IP 群的牛人们一直在激励着我，就算周围的同事看我每天早起、读书、练书法、上网课觉得很诧异，我也依然坚持走自己的路，我不想被同化。大山里，偏远山村，交通不便，但好处是远离大城市的喧嚣，没有雾霾，空气清新，可以让你静下心来做一些自己喜欢的事情。

我希望能离开小地方，去到大城市，我也很羡慕在大城市的IP群小伙伴们，但我觉得自己的能力还不够，所以我现在还在不断学习和积累，就像秋水老师所说："地域，有时候真的不是那么重要，身在一线城市，也有可能浪费优势，身在小地方，若能充分运用互联网，一样可以呼吸自由的空气！"

萧秋水：颖聪记性真好！这样的情况下还坚持自我，真的不容易。那为什么会在正职之外从事兼职？怎么合理地安排时间？如果本职工作也经常需要加班，又如何在业余时间进行兼职工作？

李颖聪：因为自己喜欢书法，体制内的工作很枯燥，也不会加班，所以晚上有大把时间来做自己喜欢的事情。利用晚上的时间来进行书法教学。

如果本职工作也经常需要加班，那么我可以把直播课改成视频课，这样就不用担心会耽误上课，只须利用零碎时间来解决学生的作业评讲和答疑。

萧秋水：当初是怎么选择了把书法当作兼职的呢？

李颖聪：最初是因为听古典老师的生涯网课，古典老师说"将知识技能内化的最好方式是分享出来"，我想我的一技之长是毛笔书法，可以利用业余时间来分享毛笔书法，一方面可以提高自己的书法水平和表达能力，另一方面可以认识更多有相同爱好的朋友。

萧秋水：我本来以为学书法的人不多，或者都是在线下学，书法的风气在我们家乡倒真是很盛，我们家以前的邻居就是本地著名的书法家。那你开书法课赚钱吗？

李颖聪：主要通过在跟谁学平台上课。从 2015 年 3 月到 2016 年 9 月总交易额也就 4000 多，挣点零花钱，免费课和低价课居多，正价课转化率很低，真正愿意付费的学生很少。

萧秋水：不过我觉得对你来说，有这么个兴趣，还能赚点零花钱，甚至会超越收入吧，那你的核心技能是不是书法呢？

李颖聪：我觉得我的核心技能就是书法，如果把书法再进行拆分，比如长期练习书法技能是坚持；能把书法变成一门课的技能是把自己的优势进行利用；写一手好书法也是技能。

我是从小开始学习书法，持之以恒，熟能生巧，但到现在依然还有很多东西要学习。书法早已成为我的生活方式。

萧秋水：体制内工作，业余练书法，你这个斜杠不错，那你认为普通人如何修炼才能成为斜杠青年？

李颖聪：首先要找到自己的一技之长或者是热爱的事情，然后要把它不断打磨，使之达到专业水平，通过在一些平台进行输出，获得收益，从而将兴趣变成生意，在自己热爱的领域努力地玩。

萧秋水：常用的工具有哪些？

李颖聪：Iphone6S、微信、微博、跟谁学老师版 APP、写字派、墨池、简书、黄油相机。

公众号：聪聪墨香屋

（微信号：ccmxw1989）

第三章

准备

引言

职场两栖人，自由过渡期

秋叶是武汉工程大学的老师，教的是机械制图，一周只需要上几节课，作为一名负责任的老师，他兢兢业业地授课，要求学生在他的微信公众号里交作业，以这种别出心裁的方式和学生互动。他不只是副教授，也是多本畅销书的作者、在线教育的探索者、PPT 达人、培训师……他穿梭在高铁站和机场，奔波在各大院校和企业之间，自嘲是高铁侠，他的日程密密麻麻，产出也相当惊人，当别人在朋友圈、微博刷存在感的时候，他作为研究者，已经推出书籍和在线课程，当别人已经进入梦乡的时候，他还在指导小伙伴做课程和传播。Office

课程在网易云课堂推出两年，销售额已经达到近千万。

2016 年秋叶又推出九本新书，比如面向职场新人的《和秋叶一起学职场技能》《社群营销》第 2 版、《如何打造超级 IP》等，然而这并不是他全部的成果，他还带学生参加了创业大赛，两项重大创业大赛拿奖总体成绩破学校历史最高水平，做了一个“秋叶大叔”的个人自媒体，另外临时起意搞了一个知识型 IP 训练营，也是相当红火。

杨敏，90 后，2012 年毕业进入腾讯做程序员，一年半之后转做产品经理，再一年半之后从腾讯离职，在网心科技（迅雷旗下子公司）做产品总监。生在四川、长在新疆、学在西安、工作在深圳的这个年轻人，个性独立，热爱自由，对生活充满激情。热爱摩托车，是腾讯摩托车协会的发起人，还专门创建了一个公众号（微信号：Tencent-knight）。曾骑摩托车行了 2000 公里，从深圳到郑州去参加一个哥们儿的婚礼。他觉得自己属于同龄人中的异类，工作表现也非常不错，但对于职场生活仍感到枯燥乏味，迫切期望开始自由的生活状态，只是因为时机还不够成熟，所以先用全职状态蛰伏，未来，自由职业仍是他的坚定选择。

一位朋友，由于自己的社群做得非常成功，被网络知名大咖邀请加入其公司，不过这位朋友觉得原来的工作也很适合自己，业余时间做社群，有正职收入也有不菲的兼职收入，付费会员这块，一年能够收入几百万，很喜欢这个状态，并不想变动。对他来说，纯粹的自由职业，未必有很大的吸引力，两栖人的状态，反而是他所追求的，如鱼得水。

林司我在一家知名互联网公司工作，同时，他也是半岛网络电台的创始人。半岛网络电台是国内知名人气独立播客，创办于 2010 年 9 月 12 日，那时候，林司我还在上大二。电台主打清新温暖风格，节目以情感、旅行、电影、音乐、读书等类型为主。目前，半岛网络电台已拥有主播 30 多名、发布节目近千期，节目积累了上百万听众和几千万播放量。林司我的本职工作，正和网络广播有关，创办半岛网络电台的丰富经验，也是他被公司看中的原因。

在贵阳一家运营商公司上班的顾嘉，在业余时间运营自己的微信公众号“故事书”，也拥有很多忠实粉丝。生活在小城的他，既享受着平静安稳的生活，又特别能折腾，他觉得如果不折腾，就会导致自己在安逸中退化。

曾经遇到过一个男孩，在一家星级酒店工作，酒店业不景气，他的工作不再像以前那样忙碌，业余时间也空闲起来。他注册成为 Uber 司机，周日，从早到晚，开车十几个小时，一天赚 2000 多块钱。他说自己在老家买了房子，他是独子，但不想啃老，所以自己想办法赚钱还房贷，虽然辛苦，但也很快乐。

天天，90 后，国内领先知识技能交换平台——在行的运营成员，负责行家社群运营和分答答主运营工作，是无数人的连接点。天天很擅长学习，曾在一年内读了 128 本书，约见了 117 位行家，体验了长程心理咨询，完成一次自我升级。她做了一个微信公众号“买时间的人”（微信号：being-719），分享成长故事，正式运营不到 1 个月，就有 5000 关注者。

一位在某大公司工作的朋友，业余时间开发 APP，放在 APP Store 里销售，收入甚至超过了本职工作。不过，他也不会因此就去全职开发 APP，他挺喜欢自己的本职工作，而且也有稳定的收入和其他保障，他对现在这样的状态表示非常满意，认为自己拥有很高的幸福指数了。

这个时代提供了很多机会，和计划经济时代一份工作干到老死而且孩子还可以接班相比，移动互联时代有太大的自由度。只要处理好时间精力，同时做几份工作，并非不可能，本职和兼职，也不见得形成冲突。兼职都是在员工的业余时间进行，公司也不能强行控制，开明的公司，还会把这点转化为优势——有些公司由于有网络名人的存在，反而吸引了名人的粉丝加入。而通过社交媒体显现出来的才能，也会成为求职的砝码。比如，南方锈才由于参与写作了《移动社交时代的互动搜索营销》一书，顺利加盟深圳之窗网，从武汉来到深圳工作。

由于网络的发展，很多公司的管理模式也在发生变化，有的公司不再要求员工打卡上班，只要能够完成工作任务，即使在家中工作也一样，当公司有需要集体讨论或者有必要的会议的时候才到公司去，这也给员工更大的自由度，同时也缓解了员工的住房和交通压力。传统的管理模式是买断员工的时间，尤其是八小时的上班时间，而新的管理模式是让员工为结果负责。

梦想的实现，有多种途径，正职工作是一种途径，但这并不意味着只能采用这一种。如果可能，人可以多方尝试，不断探索，尤其是在社交媒体这样发达的当下。一个人如果树立了良好的个人品牌，含金量甚至可以超过本职工作的名片。名片上，往往是公司赋予的身份，有因为公司平台而产生的光环，而个人品牌，却是更加真实的存在，可能是一个人的实质内核。

有些人一份工都做不好，更不要说兼职了。要成为职场的两栖人，对一个人的要求很高，通常来说，这些人要有超乎常人的努力，在他们取得的成绩的背后，可能是夜以继日的钻研，水滴石穿的坚韧。顾嘉为了编辑好内容、和粉丝互动，经常会忙到一两点，虽然辛苦，但甘之如饴。

这些人可能原本也有得天独厚的优势，比如林司我对声音的敏锐，但很多人其实也都有各种优势，只是没有发挥出来。原因有很多种，比如，没有这种意识、有需求但是不知道方法、自身的惰性等。

我并不鼓励因为兼职而影响到正职，更不鼓励那种非正常收入的兼职，公器私用也是兼职的大忌，我只是希望，对于有些迫切想要改变自己的人，能够通过对这个世界多一些了解，对别人的工作生活状态的了解，从而拓宽自己的眼界，明白困境自作，福田自造。突破重重阻碍，寻找到适合自己的工作和生活模式，而不是徒然怨艾，每天哀叹。

七步打造斜杠青年

这是秋叶写的一篇文章，非常全面详尽，征得秋叶的同意后，我们收录在书内。

做一件事情，最重要的是找对套路。

今天网络上很流行斜杠青年，在前两年我们不叫斜杠青年，我们叫跨界。可能再过一两年，斜杠青年不流行了，可能会冒出来一个新的名词，比如知识型 IP。

其实在我们年轻的时候，有一个类似的说法叫作个人品牌。个人品牌狭义理解就是在网络上做个人品牌。为什么在网上做个人品牌呢？因为在现实世界，我们想形成大范围的影响力实在是太难了，不如到网上给自己一个新标签，放今天，估计就被斜杠了。

问题不是叫什么，重要的是做很多事情时，我们要找对方法，而不被一些新的概念所迷惑。

比方说在我们高校，要把个人品牌做起来非常简单。老老实实地选一个方向，然后做学问，出成果，写论文，评职称，带学生，等你一步一步成为一个德高望重的老教授。要是 45 岁熬到了，那已经是超级年轻。不过大半个人生都已经过去，不喜欢学术的人会觉得没意思。

在任何一个你想进入的领域里，最开始你自己也不太熟悉时，快速找到比别人更快成功的路，到底要用什么方法？这就是我今天要跟大家分享的套路。

清晰定义你的个人品牌

我们常常去谈打造个人品牌，实际上个人品牌是一个非常含糊的概念。请读者朋友们想一下，大家天天都在聊个人品牌，我倒是想问一下你们认为个人品牌是什么？

德鲁克的目标管理里面有一个 Smart 原则，它要求把目标变得非常明确具体，要可以量化，然后可以分解，有截止日期，这样才能客观评估这个目标是不是一个好目标。

我觉得谈个人品牌时，要先学会先把它清晰化。

我提出要定义清楚两个问题：

1. 请问你们准备选择哪个方向做个人品牌？

2. 请问在你们选择的方向，拥有个人品牌的标准是什么？

“吉吉 21 天打卡群”群主吉吉妈和我有这样一段对话——

吉吉：有自己的书，畅销。

大叔：很合理，请问什么是畅销？

吉吉：卖了 50 万册。

大叔：好，开始明确了，但我必须说一句，卖 50 万册很难啊。

吉吉：50 万其实是瞎说的，10 万都战战兢兢啊。

大叔：你没有提出是什么方向的书，还有你现在没有书稿和出版社，那么如何保证在今年下半年内就出版，争取明年拥有一年销售周期呢？

吉吉：那改成我要在 2017 年，出一本在斜杠妈妈领域年销量有 10 万的书，这样呢？

大叔：这样子已经明确很多了。但是我想问一句，在这个领域，过去这么多年，有卖到过 10 万的类似图书吗？

我告诉吉吉，一开始她说要出一本畅销书，但并没有说是哪个方向，这是第一个大问题。很多人做个人品牌和吉吉一样，对定位选择其实是模糊不清的，这会导致在个人品牌建设过程中不断摇摆，从而怀疑自己选择的方向。

其次吉吉提出畅销书的标准是 50 万册。这在图书销量上是一个非常非常大的目标。我可以跟大家透露一下我的 PPT 图书，一共有四本。从 2010 年卖到 2016 年，用了六年的时间大概卖了 50 万册，这大概是国内卖得第二好的，卖得的最好的是《别告诉我你懂 PPT》。那么再看卖 50 万册这个目标，你还觉得现实吗？

你看，如果吉吉把有名的标准定义成一本畅销书的话，这是很难操作的。吉吉的问题其实出现在几乎绝大部分想打造个人品牌的人身上——他们花了很多时间，卖得最好的是《别告诉我你懂 PPT》。那么再看卖 50 万册这个目标，你还觉得现实吗？

你看，如果吉吉把有名的标准定义成一本畅销书的话，这是很难操作的。吉吉想象成功，但是很难描述她要到达的成功到底是怎样的。

如果我是吉吉，我会把这个目标明确为：

我要在 2017 年出版一本关于斜杠妈妈领域的图书，书要在业内获得很好的口碑，争取一年内卖到一万本，为我打造个人品牌垫下第一块砖。

这就叫一个合理的，可以跳一跳、努努力就够得着的目标。

到目标领域的牛人对标

我发现很多人从来没有认真了解过在他想切入的领域里到底有哪些牛人？牛人成长的过程到底是怎样的？哪些可以借鉴？哪些不能复制？

我问吉吉有没有研究过那些已经成功的或者打造了个人品牌的斜

杠妈妈。比如在日本有非常多的斜杠妈妈，她们讲时间管理，讲整理物件，讲《断舍离》，都非常受欢迎，在这方面打造了个人品牌。

日本麦肯锡有一个特别厉害的妈妈，叫胜间和代。她养了两个孩子，一边工作一边考证，差不多每年都能出好几本书，不仅把自己的生活过好了、丈夫小孩照顾好了，也把自己的工作做好了，成为一个非常有影响力的人。还有另一个顾问吉田穗波，也是一个很成功的斜杠妈妈。

一个牛人，他多多少少会把自己的故事通过励志的方式讲出来。如果有心搜索的话，并不难获得这些信息。

但很多想做斜杠妈妈的人，根本就没有对这样的牛人做研究功课，了解别人怎么做到那样的成绩。如果这些功课我们自己都不了解，怎么就能复制成功？这是非常可怕的事情。

我在 2009 年决定要切入 PPT 领域前做了一件事：就是把当时国内 PPT 做得好的人，有 30 多个人吧，逐个把他们的博客看了一遍。

看完后我就有了三个认识——

第一，对国内 PPT 领域的发展状况有了一个宏观的认知。不像原来，别人说 A 就是 A，说 B 就是 B，很难建立起自己的判断力。

第二，经过分析评估，我认为自己在 PPT 设计领域可以达到一个不错的水平，尽管美感我做不过高手，但我可以在逻辑构思能力、话题制造能力、演讲表达能力的基础上，快速提升 PPT 设计能力到一个合格的标准。而且，一些擅长讲逻辑、构思能力强的人，他们的

PPT 美感又太差。

我觉得我能把每一样技能都很快做到 80 分，虽然单项不如人，但我的总分会比他们高。这就帮我找到了和其他高手竞争的立足点。

第三，我发现有些人的博客风格特别受欢迎，这种风格叫用图说话。这就启发我思考是不是有一个阅读趋势叫视觉化，我可不可以用这样的方式来构建我未来要打造的产品?

我想，干脆出一本用 PPT 思维写的书好了，结果我真的这么干了。这就是我的第一本书《说服力——让你的 PPT 会说话》，是用 PPT 写的。一出版很多人就觉得“哇太酷了，原来 PPT 图书可以做成这个样子”。虽然在今天看来这本书需要改进的地方仍然很多，但在 2010 年，这本书绝对是领先当时整个 PPT 图书行业审美和设计水平的。

《说服力——让你的 PPT 会说话》火了，一下子就把我的个人品牌的空间打开了。

评估别人哪些优势是你无法模仿的

很多人一说到成长就条件反射一样去思考，我还有哪些地方不足。这样的思考当然没有问题。但是很多人不知道的是——不是所有的不足你都能够改进。

比如有人问我：为什么你能打造出“秋叶”这个品牌，你哪来那么多时间？

当然我在时间管理上比普通人强一点，但是有一点很多人比不了我，我不用做家务，而且我刚好在高校里面工作，学校里工作时间相对自由。所以我可以在不影响工作、不照顾家庭琐事的情况下，专心运营自己的网络品牌。

而我非常清楚很多中年人，一方面要处理单位的事情，一方面还要解决家里很多事情，这样他的注意力就不能全部集中在自己的事业中。

大部分人不是比我能力差，也不是不如我有才华，而是每天的生活把他的优秀都打磨成平庸。

我看过太多别人的案例，才明白大部分人很难复制我：我有时间。

很多人问我为什么能成功，我说我娶了个好老婆。很多人以为我是在开玩笑，但是这是个很重要的事实，她帮我解决了很多后顾之忧，让我完全没有顾虑地在前面奔跑。

依据成功人士经验，细化标准

有人讲，我要成为一个非常成功的培训师。

这是个愿望。要达成愿望你得了解成功的培训师要具备哪些能力。

我进入培训行业已经快十年了，从大学老师直接跨到培训业，我就这么进来了，普通话不好，还是站住脚了。

有些人讲你运气好。

其实在我准备入行做培训之前，我就至少跑去问过三位有经验的老师，都是湖北非常有名的老师，所以我把做培训师一些入门条件搞得很清楚。

有个老培训师反问了我好多问题。

你能站不？我们经常出去讲课，一讲就是两三天。连续站三天，每天至少六个小时，中间有休息环节，但基本上一天都要站着，还要做动作。你行吗？

我不行。

我们每天讲六个小时课，你的嗓子行吗？

我不行。

你知道课程怎么设计吗？你知道什么时候让大家 high，五分钟设置一个梗，给学员一个笑点或思考点吗？如果有对你不满意的学员，你知道怎么控场吗？

我不知道。

那你进这个行业来干吗呢？

我想挣钱。

那你觉得你这样能挣到钱吗？

挣不到。

那怎么办？

我先回大学教书。

比如吉吉说的，我要出一本书，斜杠妈妈方面的，要卖 10 万册。那么，跟斜杠妈妈有关的书到底有哪些出版物？买回来看，一本一本地看，然后问自己，我能不能写得过她？如果你发现有些人写的书非常好，但是卖不掉，你想想这是为什么。

只有你了解成为个人品牌的工作质量标准，了解别人达到了怎样的水准，你才能给自己一个明确的努力的方向：我要达到这个水平。

就像我们当年考研一样，我们要知道自己考到多少分，才有可能进这个学校。

一旦我知道需要考多少总分，我才能分解成英语多少分，数学多少分，专业课多少分，只要保证我能进来，有些科目我可以差一点，但另外的科目我就要非常非常有优势才行。

这个思维模式对打造个人网络品牌其实是一样的。

即便方向正确，但没有质量要求的努力，所谓坚持，也是自欺欺人。

要么加对圈子“傍大款”，要么有才任性做爆款

做个人品牌其实只有两个策略——“傍大款”和做爆款。

我们知识型 IP 训练营有一个狗哥，在上海，刚进营的时候，他叫自己“狗粮专家”。会诊中我们诊断说你不要叫专家，你要写那种

有温度的文章，这样养猫养狗的人看了之后会觉得这是很有共鸣的文章。他一开始不接受，后来突然发现养狗是一件很有温度的事情，比狗粮怎样吃好玩儿多了，结果他的文章就写出感情了。

这种爆款文章能够在朋友圈最大范围地去传播，狗哥开窍后一个月就写出了三篇阅读量 10 万 + 的文章。这就加速他成长的时间，这个策略就叫傍大款。

傍大款比较容易让你获得一个比较高的起点。为什么我们要努力加入一些圈子，因为这个圈子有能量。

有人问我们的知识型 IP 训练营是做什么的。其实知识型 IP 训练营就是先整合一些有能量的人，大家在一起玩儿，发现有好的苗子，我们会启发他，给他一个氛围，打开他的脑洞，恰当的时候大家一起推，争取让他快点儿红。

第二种策略就是做爆款。

如果你超级有才，对自己的能力特别自信，又不是一个半途而废的人，不会因为挫折打击而轻易怀疑自己，那你就一个作品、两个作品、三个作品，一款一款往下做，反正只要你做得好，做得多，更新频率又稳定，总有一天你会抓住别人的眼球，一下子你就能引爆传播。

这时候人们会注意到你，你的能量会快速变大，比靠平台硬推出来的人能量要大得多，因为你是自己打出来的天下，自带光环。

等有一天你成功了，过去所有你跳进去的坑，都会成为你将来伟大的故事。

大家印象比较深刻的一个做出爆款的是咪蒙，而且咪蒙越做越好，她能不断写出爆款文章。当然她有一些争议，比如说她抄袭，洗文，但在商业上来讲她是很成功的。

另外一个是 papi 酱，她爆款做得不错，但是后劲还是差一点点。总而言之，这两个人在别人看来还是非常成功的。

我们一定要想清楚自己有什么样的天赋，然后走怎样的路径，我觉得一般的人更适合加圈子傍大款，靠自己做爆款，这个难度太大了。

围绕个人品牌第一步做长期计划

做个人品牌得有一个长期的计划，比如在三年内如何分解自己的目标一步步去实现。

吉吉说她明年要出一本书卖 10 万册，假设这本书还没有写，分解一下就是一个三年的计划。

一般来说一本书从开始构思大纲到出样章、得到出版社认可，再到把所有书稿写下来，至少需要六个月的时间，这对于写第一本书的人来说已经是超级快了，很多人一年还没有写出来。

写书跟写博客、写微信文章是不一样的，它需要你把所有的内容结构化地整合起来，很多人在写的过程中会遇到很多困难。我就假设到了今年年底吉吉已经把这本书写完了，跟出版社把合同签了，这已经非常快了。

但是问题是这本书能够在明年6月份出版已经很快了。1月走完流程，2月春节什么也干不了，3月核对排版和封面，4月交给印刷厂印刷，大概5月就可以上架了，上架的周期呢，因为新作者没有名气，出版社不会特别地赶，大概在5月底能上架，这样能够赶上每年最好的“6·18图书大促”，这已经是非常快、非常好的节拍。

即便你的书在6月出版，那么你也只有半年的销售时间。一本书如果能够在半年卖到一万本，这已经是非常好的成绩。大家可能不知道的就是，我的书大部分也只能做到保底一万本销量，你想让它发行到两万本对我来讲也是非常非常困难的。像彭小六到处跑、到处推他的新书《让未来现在就来》，他要不到处跑的话书也卖不掉，跑出影响力和口碑了，书才能慢慢变得畅销。

你看，一本书就差不多三年了，你要很耐心地做一个三年计划。

2017年我争取出一本书，但是可能没有火。

没关系，那我2018年再写一本，要比2017年写得好。

如果2018年这本还没有火，行，我有了两年经验，2019年再来。

如果你有一个更长远更平和的心态去建设个人品牌，就可以避免很多很多麻烦。

假如我们期待的结果迟迟等不到，就会对自己的坚持失去耐心，导致后面所有的动作都变形。

我今天有定义长远路线图的能力，大部分人压根就不知道他不具备这种能力。2013 年底，我开始创业，我们团队做的思考和讨论，我把它写成文字，到今年是第三年，我们看了一下，觉得不用大改，继续照做就行了。做到 2020 年差不多小伙伴们就完全接班了，我就可以退休了。

有些事情很多人顶多只能做一年半年的规划，这已经很棒了。我可以做五到七年的规划，因为我知道五到七年打造出个人品牌是很快的事情，但是今天谁愿意等这么久呢？并且谁愿意为这么久的时间做一个这么长远的计划呢？

很多人并没有清晰地了解实现梦想到底是一个什么样的过程，在这个过程中，他到底应该选择什么样的路径？这个路径能否分解为五到七年的计划？然后按照这个路线图一步一步往下走。

大部分人缺乏这种定义路线图的能力，并且，他对于自己定义的路线，始终是惶恐不安表示怀疑的，一旦遇到挫折或达不到预期的情况，他需要到处找人问他做得对不对，而不是相信自己找对了路，只需要去做。

我告诉你这是非常普遍的情况。大部分人在准备成长为个人品牌的过程中，会把大量的时间都耗费在寻找自我认同和肯定上，这是我见过的太多人不能成功的一个很重要的原因。

比如我在微信公众号写一篇文章，我希望它的阅读量达到 5000，但实际上我的好多文章达不到，怎么办？是我的写作风格不好？还是我的运营定位错了？

这会让很多人怀疑自己坚持自媒体写作是否有意义，自己做的设想是不是真的满足市场。最后他会花费很多时间请教各位牛人和大神，去验证自己是否走错了，结果花费大量时间去找行家，反而浪费了宝贵的时间成本。

其实一开始就应该做市场调查确定方向和路线，然后只需要在执行过程中不断摸索调整。我觉得一个能最后走向成功的人，不能总在咨询方向，只会请教如何避开别人遇到的坑。

我做“秋叶大叔”这个微信号，从运营第二天开始我就给自己做了设定。有时候我是烧脑总裁，有时候我是暖心大叔。未来我就在这两个角色之间来回切换，但更多时候我是走暖心大叔的路线。

我为什么要走这个路线，原因非常简单，我清楚地知道未来五到七年整个新媒体的环境会发生怎样的变化——有个人温度的账户会受到欢迎。

成为一个温暖的人，在温暖中还带一点小小的坏，我也的确适合做这样的人，在大叔这个竞争层面我还是能赢得一部分女孩子欢迎的。女人疯狂起来世界会很热闹对不对？抓住她们的购买力，我就赢了。

这就是我的一个商业小计划。今天这篇文章我跟大家讲得很坦诚。我觉得一个人写真话会得到大家的信任，希望你们不要觉得这个大叔他比心机婊还心机婊。其实我真要做到，也是需要付出五到七年艰苦的努力，说起来简单，做起来非常难。

给个人品牌计划设置验证点

你觉得自己有能力 hold 住这些事情之后，就要设置一些验证点。

吉吉想要出书，那她就得先开始写一章，先看看跟外面卖的书相比你能不能写得更好。我们可以通过这种方式来快速评估吉吉有没有能力写出一本合格的图书，而且不需要花很大的成本。

很多人讲，你怎么能够做到每个微信后台的回复都是你自己回复呢？你哪里来的时间呢？很多人从来没有试着用碎片的时间来做这些事情，也没有想过这个事情到底有多大工作量。而我经过一段时间的测试，发现自己的反应速度够快，能够利用碎片时间完成这个工作。

而且回复的过程还会帮我打开写作灵感，还会让我得到很多人的认同和支持，这就让我发现回复这个事情不一定是一个负担。你怀着爱和感恩的心去做一件对大家有真诚互动的事情，就会给自己加持很多能量，你的个人品牌就在这一个一个真实的专一互动里得到了越来越多的人认可。

很多人在自己的计划中并没有设置这个验证的环节，我们说路径和目标一旦定义清楚就不要轻易改变，但是计划可以调整，做得快的可以加速，做得慢的可以放慢节拍，等能力慢慢跟上来了我再加速。

别人用五年出名，我用七年，七年不行，我用九年。

其实用一辈子来看，早两年和晚两年不是那么要紧，一个人只要做到一定高度了，后面的故事都差不多，你不会像自己想象的那样，错过很多事情。

做有方向的人，也要做有耐心的人；做有激情的人，也要做有套路的人。

福利：个人品牌成长问答

提问1：要做好个人品牌需要哪些基本素养，大叔能给三条建议吗？

1. 能表达（能写、能画、能讲）

你要能表达、能输出。要么能写，要么能画，要么能讲，有一样就可以。这样你可以把自己的内心情绪以及生活中感动你的东西传递给别人，别人通过这种传递接纳你，成为你的粉丝或读者。

但是很多人并没有评估自己画画的水平到底怎么样。比如我批评我们IP训练营第一期的一个营员，你做的思维导图很漂亮，但是不能表达思想，你不能把思维导图变成手绘啊。

2. 能互动（卖萌、合影、应酬）

这个世界上能写、能画、能演讲的人很多，是不是每个人都能得到大家的喜爱呢？不是。

你会发现猫叔、小六、秋水，都特别受大家喜欢，你会觉得这些人很有亲和力，猫叔每到一个地方都会找他的粉丝吃饭、合影；小六一上直播就解扣子了；秋水也会跟粉丝说，我今天做了什么事情，我做饭多好吃，你们给我发个红包。你会觉得这个人很生活化。

你会觉得他们很可爱，就像你身边的朋友，有优点和缺点，有幽默感，还有点小小的坏。你觉得跟这些人在一起可以做朋友，你说勾搭就勾搭，说合影就合影，说唱歌就唱歌，说甩表情包就甩表情包。

所以在网络时代，一定要善于表达自己的情感，你要非常直接地跟自己的粉丝在一起。像彭小六、剽悍一只猫还有我，我们根本就是肉身加粉，全国疯跑。

3. 能整合（互推、互补、互利）

是不是你会表达、会互动、会卖萌就一定能建立好个人品牌？也不是。

实际上猫叔每到一个地方就会跟当地很厉害的人交往。他如果不认识的话，就会打听这个人有没有收费的渠道，比如通过在行约见。

他自己本身也很厉害，他花钱去约别的行家，别人也知道他有名气，往往都愿意见他，之后就会写一篇非常好的采访的文章发表，以此来向粉丝推荐他。在早期他用这个方式很快积累了 10 万粉丝，也通过这种方式和大号有各种合作。

猫叔是一个非常懂得推荐别人，非常懂得资源互享、互利的一个人。

彭小六他在三线城市打出来之后，一边开发自己的课程，一边自己写书，他努力在简书上把自己写成第一名，写成第一名之后他就拿着这个光环，跟很多地方合作，他说我是第一名，我有一门很好的写作课，要不要跟我上。他一边上一边改进，一方面积累了自己的经验和口碑，另一方面也让很多机构就逐渐了解他了，愿意推荐他，所以他的品牌也就树立起来了。

他出了书，别人也愿意捧他的场。他充分地将社会上各种资源整合在一起。最近他说："我要把我的签售会都给 Better Me 大本营独家代理，因为他们实在运营得太好了。"

我希望你们理解，一个想要成为有个人品牌的人，一定不要看表面的东西。我们有个小伙伴秦阳，我们都叫他网黑。他有一天跟我说："大叔我要自己写一本书。"我问："为什么？"

他说："你看猫叔在写书，小六的书写得也好，我觉得我的书卖得不好，个人品牌会不会因为这个赶不上他们？"

我说："老秦啊，你每次出去也不跟人合影，也不卖萌。你看看他们是怎么做的。"

他很受启发，在广州跟小六一起签售的时候，他干脆搂着彭小六跳交谊舞，大家都拍照留念觉得太好玩了。

我觉得秦阳这就开窍了，想做网络个人品牌就是要豪放，要放得开，要脸皮厚，不要那么矜持。所以你们要知道这背后有很多需要整合的东西，绝对不是一个因素让一个人成功的。

提问 2：大叔文章中提到，会去带上名字感谢每一个打赏的人、会回复留言，也经常看到您在群里和大家互动，大叔每天的手机时间有多少？如何面对海量的信息合理地保存精力？如何赢得家人对这个节奏的支持？

应该说我是一个完全适应在网络上生活的人，我两部手机，电脑上同时两个聊天的窗口，有必要的话我会三个界面同时操作，这样会比一般人赢得更快的反应时间。

我长期泡网，速度比一般人快很多，这并不是什么离奇的能力，是练出来的。但现在信息量越来越大，我每天在手机和电脑上的时间基本上就是早上 6 点半到晚上 12 点，除去开会、讲课、吃饭，剩下的时间我都是坐在电脑前或者刷手机。

我非常善于睡觉，秒睡。善于休息让我能快速恢复体力，马上投入新的战斗。

另外我老婆很理解我，很支持我，不需要去赢得，这是运气，我命好。

提问 3：做 IP 或个人品牌需要强化标签，外化自己，有很多人会放大自己美好的一面，大叔觉得这个度要如何把握，要在多大程度上美化自己？

做 IP 和个人品牌尽量要强化自己的标签这是可以的，但是尽量不要撒谎，你只是不需要说出所有的事情，每个人都允许有秘密。

我也从来不会把我所有的故事都讲给另一个人，这是我做事的风格。有些是不希望对方担心，比如我爸妈从来都不知道我具体是在干什么。有些是不希望对方猜疑，比如我和女粉聊天的内容，我肯定是不会主动去跟我老婆讲，这不是自己找死吗？有些是不希望对方失望，有些事情自己是蛮有期待的，别人也知道你有期待，但是实际上，结果距离你的期待还是蛮远的，这时候自己默默扛着就好了。

做个人品牌的过程中，今天的我可以容忍不完美。比如我的普通话很糟糕，结果我发现这可以成为我的特色。

我的文章经常会出现一些小的失误，比如说今天发的文章里有一个错别字，有人在后台给我指出来，我说："对不起，是我写错了。"这时候他就会觉得你特别真实，所以这个问题，也不是那么要紧，大家别担心。

提问 4：秋叶老师是真正意义上的"斜杠"大咖，在个人品牌运营上您有踩过什么"坑"吗？

最大的坑，就是时间。你离成功的时间总比你预期最长的时间还要久。

我曾经设想半年的时间把我的课卖到一万人，结果用了 14 个月；我想用 10 个月的时间把课卖到两万人，结果用了 12 个月；但，再后来，我想用 10 个月卖到三万人，结果只用了半年。

有的时候成功往往比你预期中来得慢很多，但是一旦你跨过了某个坎儿，成长就会加速。

你要相信一点，人总会低估了所要遇到的挑战，这一点很多人在一开始是想不到的。

比如我现在创业，我把很多事都想到了，很少有人能想这么细，毕竟我做过项目经理，也开过两家公司。但我在花很大力气做的时候，发现现在时代变了，环境和用户都变了，很多事情都跟我之前预想的有一些偏差。大偏差是没有，但即使是小偏差也足够让你把很多事情耽误很久。

提问 5:《如何打造超级 IP》这本书说了，要潜下心来，慢慢来，比较快。不要着急变现，要打磨自己的核心技能。而个人课程也好、书籍也好，有时需要推向市场得到反馈才能迭代，比如大叔的 PPT 课程改版了很多次，在“慢”与“快”之间，大叔有没有什么标准？如何判断 IP 兑现价值的时机成熟了？一直等下去万一错过机会怎么办呢？

我觉得这是人为制造的一个矛盾，我强调“慢比快快”，是指前期会很慢，但是你打好基础，后面会加速，反而比一开始不打好基础追求速度发展更快。

另外，你但凡有了一点小小的积累，就可以找一个形式寻求反馈。比如我有了一个想法，我就会通过朋友圈微博去互动找反馈，我发现反馈不错的话就写一篇文章，一个平台有了好的回应，我就可以试试多几个平台，这些内容积累到一定程度，我就可以把它做成微课分享，然后慢慢变成更全面的培训课程，甚至把它写成一本书。

写书的过程中又会带动你对你所有的事情进行思考、练习、分享。这些都变成品牌成长的一部分。

这个成长过程整体很慢，但是你可以在每个小部分都快。

心态要慢，要耐得住性子，但是行动要快，要在行动中追求质量。

至于什么时候是最好的时机，我个人觉得只要你足够快，就一定能够赶上时机。首先我们处于历史上最和平安定、发展最快的阶段，根本不用担心没有机会。无非是这个机会你这辈子能碰到三次还是四次的问题，说实话能碰到两次，抓到一次就够了。

我活到 38 岁，才觉得我的机会来了。可能你们觉得我早抓住机会了，比如 PPT。其实我不觉得 PPT 是个很大的机会，反而在线教育才是机会。

因为在 PPT 行业做老师、做定制、卖模板，一年顶多也就一两百万的收入。而在线教育我觉得有可能在我手上做到 2000 万到 5000 万的规模，这在很多公司看来不过是一个很小的产值，但我能做到这样的规模是我过去想都没有想过的。

为什么很多人把 PPT 看作是我成功的标签呢？我觉得还不如说我用这个标签影响和帮助了很多人。

成为狼牙棒青年

“狼牙棒青年”这个说法，是戚泽明提出来的。

他觉得狼牙棒青年有两个特点：首先，你把一项兴趣爱好变成了职业，一般来说你就是第一个做的，所以某种程度上你可以制定规则；其次，兴趣爱好变为职业它就是一个手艺活儿，是靠时间来建立竞争壁垒，所以也就有了先发优势。

戚泽明来深圳，通过在行约见我，他说自己从大学就开始关注我，又是知识型 IP 群的营员，我当时正在闭关写书，破例赴约。而在交流的过程中，泽明的“狼牙棒青年”的说法让我耳目一新。

把兴趣爱好变成职业，这个是很多人都向往的，但很多人也仅止于想想而已，而戚泽明把这个变成了现实。

泽明毕业于衡水中学，是典型的小城青年，大学毕业后，他不准备成为打工者，选择成为自由职业者，而且他这个自由职业者还比较特殊，是自己创造的一个工种：演讲设计。

所以我在前面说，戚泽明刷新了我对大学生毕业后直接成为自由职业者的看法。

戚泽明说，在读《从 0 到 1》的时候，注意到里面提到一种竞争性思维，大部分人都是这样走过来的：上最好的小学，通过分数把一部分人干掉，然后上最好的中学，通过高考把一部分人干掉，然后上最好的大学，把一部分人干掉，然后进最好的单位、企业，然后从基层做起往上晋升，从专员到经理到总监，你也要时刻与别人竞争，有你没有他的竞争。

这种竞争性的思维，戚泽明称之为金字塔思维，金字塔结构是人类社会至今最基本的组织结构，但是互联网的出现，让整个社会更加扁平化，互联网对金字塔结构有一定的冲击，虽然整个社会仍然以金字塔结构为主，但是这不妨碍一种新的思路出现，这种新思路，就是戚泽明所说的狼牙棒思维。

所谓狼牙棒思维就是：我们不必从最底层开始一层一层往金字塔塔尖爬，社会更加扁平化，我们在狼牙棒上冒出一个尖来，我们面向的就是整个世界。

戚泽明很认同猎豹傅盛说的话，这个时代不再苛求你是一个德、智、体、美、劳全面发展的好学生，只需你在某一个点很独特，一旦找到这个点，它就会像一把小锥子一样，在很平的世界上一下子让你突显出来。哪怕你愿意摆一个S型，也可以像芙蓉姐姐那样获得成功。每一个兴趣点或每一种爱好，在未来都可能发展为我们赖以生存的巨大技能。未来是极客时代，就是有个性、有特长、有兴趣爱好的人，会成为这个社会非常重要的人群，甚至成为社会主流。

比如你是一个设计师，大学刚刚毕业，为安全起见，没有多少人会找你，真正的狼牙棒思维是在一个增量服务中选择一个比较细小的领域，你来制定这个游戏的规则。首先，大家有这方面的需求，但是还没有人提供；其次，这是一个手艺活儿，也就是说是靠时间来建立竞争壁垒的，谁先做了，谁就有了先发优势。总结起来一句话，就是在互联网的增量服务中选择一个新的细小领域，你来制定游戏规则，通过时间建立竞争壁垒。这两个特点，是戚泽明一再强调的，或者也可以说，这就是他的竞争优势所在。

对于戚泽明来说，这个细小的领域，就是演讲设计。

戚泽明很喜欢听演讲，从高中时代开始的 10 年里，他把网上可以搜到的讲座都听了，听演讲，包括自己去演讲已经成为他最大的兴趣，而在后来，他把这个兴趣变成了职业，他创立了演讲设计师这个职位，用讲故事的方式去为有公众表达需求的人提供演讲的一站式服务，包括设计演讲稿、制作 PPT 以及提供个性化的定制培训，由于市场上还没有人提供这种服务，所以游戏的规则可以由他们来制定。

后来，在不放弃自由职业者身份的前提下，戚泽明创建了思多锐演讲设计，吸引了最优秀的媒体人和职业经理人的加盟，目前为几十个领域的 CEO 提供私人定制的演讲服务。对于为什么不做一个致力于演讲的工匠而去建立公司做包工头这样的选择，戚泽明说这是因为开拓演讲设计这个行业的乐趣大于单纯做一个自由职业者的乐趣，虽然同样是创业，但因为是自己的兴趣，因为是蓝海，他觉得，他们一群人幸福得多，坦然得多。

戚泽明还提到了另外的狼牙棒青年的故事。

有位姑娘，在一家教育咨询公司的技术部门做基层员工，她的晋升途径其实很狭窄，月薪也不高，但是她有一个一笔成画的技能。她现在在某个在线教育平台做分享，积累了一定粉丝后线下授课，就是让爸爸妈妈如何一下午学会教孩子一笔成画，每个人收500元，有很多家长抢着报名，她一下午收10个学员从收入上就超过正式工作，更关键的是，她会收获自由。很多人说，一笔成画也不是新技能了，其实没关系，因为服务的场景是无穷无尽的。比如，虽然很早就有职业摄影师了，可是像“细腿大羽”这样给孩子私人定制从早上一直拍到晚上的服务场景却是新的。

还有“石头平衡艺术家”的Michael Grab，一个痴迷于堆石头的加拿大人。他不借助任何工具，根据石头本身的形状、质地和大小徒手堆出令人惊叹的作品。最开始只是堆着好玩，而现在他以此为生，到世界各地表演，并开设了堆石头的课程。

戚泽明觉得，未来会有越来越多类似的全新岗位出现，这个社会因此而更加好玩。

戚泽明介乎自由职业者和创业者之间，而狼牙棒青年这个说法，相比斜杠青年和自由职业者，我也觉得非常有新意，于是把这个说法也收录进来，希望能够给读者一些启发——我们不应受限于任何的概念，因为生活本身，就是无限。

斜杠，你焦虑了没

拥有不同领域收入途径

网络小说大神唐家三少，现位居中国网络作家富豪榜榜首，年收入高达 1.5 亿！

不过，且慢垂涎，那是“别人家的收入啊”。

对于每位有志自由青年来说，还是需要确定好自己的收入途径，尽量避免陷入收入不稳定的焦虑。

先来看一下本书作者的收入途径：

剽悍一只猫：

1. 商家投放广告。

2. 讲课收入。

3. 文章赞赏。

4. 产品销售提成。

5. 社群收入（剽悍一只猫的猫群有 300 多人）。

萧秋水：

1. 网易云课堂、微信营销和微博营销课程。

2. 图书版税。

3. 微博、微信公众号和豆瓣文章赞赏。

4. 投资理财收入。

5. 喜马拉雅音频课程。

6. 微博广告收入。

7. 培训讲课收入。

8. 顾问收入（年费）。

9. 微信公众号流量主广告（剽悍一只猫没有开通流量主广告，因为猫的卖点在留言互动，所以在那里展示广告感觉视觉上会受影响）。

10. 社群收入。

11. 在行行家收入。

12. 分答收入。

13. 云保平台收入。

14. 小雨伞联盟收入。

萧秋水还有一个不算收入的收入，就是免费旅行，比如，接受慕思寝具、逸景营地、南方卫视的邀请，前往国内外各处旅行，差旅费用全由对方负担，对萧秋水来说，省钱即赚钱，毕竟，去趟欧洲、大洋洲10天的话就得三万起，而且还是豪华游。

剽悍一只猫和萧秋水的收入途径相比特别有意思，剽悍一只猫途径不算多但比较大额，萧秋水收入途径众多基本上都比较小额，不过汇总起来也不错。

在互联网时代，只要你有粉丝，事实上，什么都可以卖。

有个有趣的故事是这样的：

一位生活在布鲁克林的摄影师阿诺德，在网上有点名气，Instagram 上有2万多粉丝。

在他34岁生日的前一晚，阿诺德仍想不出他怎样才能支付下个月的房租，因此，午夜时分，他在 Instagram 上发布了这条消息：

大家好，这一刻我马上就到34岁了。无论大家看上我 Instagram 相册里的哪张照片，我都会为大家冲印，尺寸4cm×6cm，每张150美元，仅此一天。我发誓，以后我决不会以这么便宜的价格销售任何东西。如果你有兴趣，请将你选中照片截屏发送至 arnoldaniel@gmail.com，我会发给你宝贝发货单，然后是一张带签名的照片。非常简单。祝我生日快乐。我爱你们。

订单如潮水般涌来。反响强烈到让他无法招架的地步。一天后，他收到了价值近 1.5 万美元的请求，到账约 5000 美元。一位买家给了他 1000 美元的预付款，购买任何获得了 1000 个以上赞的照片。

不过，可不要以为自由摄影师就是这么潇洒，我曾经和摄影师一起外出旅行过，了解他们的工作情况，别人只看到照片就觉得很潇洒，其实他们非常辛苦：只能按规定的路线行进，有严格的时间限制，往往要起早贪黑，比如要拍摄埃菲尔铁塔的日出，当然就得起早，拍摄夜景就要工作到很晚。

事实上，除了少数的摄影师，大部分摄影师并不赚钱，他们往往是有其他收入来源，而摄影对他们来说只是兴趣。

大 V 们坐拥百万粉丝，的确可以拿到很高的广告费等，不过这只是处于金字塔的顶端的极少数人。对于相对普通的自由职业者，我们建议不要心焦，不要奢求大笔收入，可以广泛地开拓渠道，多方创造收入来源。

以下，我们列出一些可做收入渠道的平台供参考：

在行	约见收入
分答	回答问题和偷听收入、赞赏收入
喜马拉雅音频	付费课程收入、赞赏收入、平台广告收入
豆瓣	赞赏收入、广告收入
微博	广告收入、赞赏收入、微博橱窗收入
今日头条	广告收入
简书	赞赏收入
微信公众号	赞赏、厂商广告、流量主广告
知乎	专栏赞赏、值乎、Live（需要被邀请）
回家吃饭	订单成交

建立优质的人际网络

不管是全职、斜杠青年、狼牙棒青年还是自由职业，都不宜单打独斗，优质的人际网络，是坚实的后盾，人到用时方恨少，不要临时抱佛脚，而应该在平时就夯实自己的人脉基础。

要想拥有优质的人际网络，首先，你自己要是一个优秀的人，至少，应该是不甘于平庸的人。

哈佛商业评论有篇文章认为：

“一个有效的核心社交圈一般由 12~18 人组成，不过最重要的因素不是人数，而是结构：一个核心社交圈子必须囊括精准、多元化的人群，同时还必须跨越层级、组织、职能、地区的界限。”

这个说法我非常认同。

和一位朋友吃饭聊天，他说，经常有朋友向我抱怨，说朋友圈里有微商刷屏，可是这难道不是自己筛选的问题吗？在我的朋友圈里，只有一个卖面膜的微商。

那唯一的微商，是一位女孩子，租了朋友的一栋房子，加了微信便于联系。

剽悍一只猫的交往范围非常广，网上有很多人写关于他的文章，这些人对他是众口一词地称赞。

记得有一次，在行的行家贺嘉约见我，我问他，在所有约见的人中，印象最深刻的人是谁，他想了一下，说是剽悍一只猫。我问为什么，他说这个人特别好学且有礼貌。这也是猫给我的印象。

记得猫有次来深圳，明明可以直接约我吃饭，但还是通过在行约见我，他说知道我时间紧张，不能直接打扰，还是在行约见我比较适宜。他那次是从厦门过来，还特意带了厦门的凤梨酥给我。

在很多人的公号文章中，第一个赞赏的，往往是猫。

在猫参与的微信群中，他都是发红包最多的那个人。

他的公号文章，每一个留言都会回复。

猫以他的诚恳、朴实、周到、礼貌打动了很多人的心。粉丝达到50万，众口难调，也有粉丝口出恶言，猫不会骂回去，有时候还会给骂他的人发个红包，倒让骂他的人不好意思。

一个人能够在半年内就把微信公号粉丝做到50万，凭的不只是过人的努力，也还有众人的帮助，而众人之所以愿意帮助他，也和这个人本身的魅力相关，所以说到底，还是自助者，人助之。

大家都知道一句话：一个人走得快，一群人走得远。

人际网络，就是帮助这个人走得更远的后盾。

经常有人来向我咨询能否成为自由职业者，我通常也会观察一下对方的性格和交往风格，如果对方非常内向，人很宅，交际圈狭窄，我通常要提醒对方注意，因为如果成为自由职业者，长期关在家里工作，会很容易与社会生活隔离开来。时间久了，在社交方面可能就会出现障碍。

关于人际网络的构建，我们建议可以从下面四个方面着手：

分析、分类、过滤、经营。

1. 分析

社交圈是不是多元？够不够精准？很多人喜欢参加活动，然后换回来一堆名片、加了一堆微信，过了一段时间后就忘了谁是谁，有些人的微信好友达到了5000人，然而如果真有需要，可以帮忙的，也许没有多少。

对于重要的人，可以记录下见面的时间、地点、拍照片留存。我的朋友，中信出版社的卢俊就有一个好习惯，比如他和新认识的朋友见面，会要求说："咱们拍张合照吧？"有了合照，就容易认人。我觉得这个做法非常好，对我这种脸盲症特别适用。

如果觉得这样比较复杂，还有一个简单的技巧：合影，用圈点等工具注明人名。

当然如果记忆力够好，也可以记在脑子里，不过记的人多了，难免混淆，还是用工具比较科学点。

我们另外给出一个工具，叫九宫格黄金人脉图，你可以对照一下看看，自己的好朋友们，有没有充分了解他们的性格特征、个人目标、关心的事情、担忧的事情、重要的经历、专业领域、兴趣爱好、家庭状况等。如果说是好朋友，但却不了解这些，那可能称不上是好朋友。

要了解这些东西，不见得需要询问，可以在日常交流的时候就观察和留意。察言观色是人际交往中非常重要的技能，不要等到别人提要求。有次一些朋友到我家来，有两位朋友称赞我家的靠垫舒服，我正好知道她们的地址，就立刻在网上订购然后送给他们，他们收到的时候非常惊喜，一看样式就知道是我寄的。

2. 分类

有些人一听分类就炸了，觉得怎么朋友也分等级，其实不是分等级，而是按重要程度和关系亲疏进行 ABC 分类，比如最重要的朋友是 A 类，这样的朋友需要经常交流，生日等重要日期要记得并送礼物；B 类朋友可以隔段时间联络一次，生日的时候发个祝福就好；C 类朋友可能是交流较少一点，但是至少有一定程度的了解。

A 类朋友就可以应用九宫格黄金人脉图。

如果给 A 类朋友发祝福短信，最好是定制的。

如果给 B 类和 C 类朋友发祝福短信，就可以是群发，不过最好也是有创意一点，比如做一个自己的独有表情包，这也要比复制粘贴的祝福短信要好很多。为了春节发送祝福，我专门找专业人士定制了一系列表情，你如果做不了这么专业，可以用手机录一小段视频，然后发布出去。

3. 过滤

不是要和所有人都合得来，放弃那种让所有人喜欢你的想法。哪些人值得信赖？哪些人在哪些方面可以合作？比如有些人是酒肉之交，而有些人是生死之交，但需要多多接触了解才能过滤出来。

合得来的人，往往是因为三观接近、有共同的兴趣，包括利益相关等。人和人真正的了解，往往是在合作的过程中，比如本来是好朋友，一起创业，结果可能连朋友都没办法做了。当然也有那种因为志同道合，创业很成功，然后一直在一起的例子。

朋友是动态的，人在不同的生命阶段，会有不同的朋友相伴，所以失去了过去的朋友，也不要太悲伤，大家的路不一样，价值观出现差异，因而分道扬镳，这很正常。我有位朋友说，他参加了几次同学聚会就不再参加了，只和几位特别好的朋友互加了好友，大家一起交流，更多的同学，他觉得没有共同语言。

九宫格黄金人脉图（刘备）

个人目标： 匡扶汉室 短期目标： 联吴抗曹	关心的事情： 联吴抗魏	担忧的事情： 魏国强大，打不过；阿斗不成才
重要经历： 卖得草鞋 桃园结义 三顾茅庐	姓名： 刘备 性格特征： 影响型	专业领域： 领导力 管理
兴趣好爱： 编草鞋 骑马 旅行	家庭状况： 妻：孙尚香 子：阿斗 星座：巨蟹	备注

4. 经营

朋友圈的点赞、互动，这是基本的礼仪就不用说了，虽然现在网络也很方便，但是线下的聚会还是很重要，所以好朋友们最好隔段时间就聚一下。

平时表达心意，也可以通过线上快递礼品的方式。比如我经常会送 FlowerPlus 的花给朋友，因为剽悍一只猫爱吃水果，所以看到稀奇的水果就买一份给他。线上送东西特别方便，只要知道朋友的地址就可以，这种表达心意的方式不妨多用。

剽悍一只猫的习惯就是送人水果或礼品，常常都是好几箱。有位朋友贝金雨，他向我描述了一个细节，说猫送了他几箱水果，他收到的时候很惊喜，分给同事们吃，后来问猫怎么送了那么多箱，猫说一看地址就知道是公司的，所以特意多送几箱好分享给同事们，金雨说猫的这份细心让他很感动。

了解对方的喜好，表达真诚的关怀，包括对对方的家人，不见得一定要到过年过节，平常的时候就可以表达。

在对方需要的时候，雪中送炭，不要只是停留在语言上的关怀，如果能够体现在行动上，就会让人印象更加深刻。

机会是双重的，提供给别人机会，一方面是给别人提供的好机会，一方面是给别人提供帮助自己的机会，欠下人情，以后好还。如果一个人总是帮助别人，似乎不需要别人帮助，那样的话也不见得是好现象。我经常都会向朋友求助，比如我学习摄影的时候，就向摄影高手求助；我学习烹饪的时候，有大饕萧秋水和沈小怡帮助我，这里说的大饕萧秋水是和我相同网名的一位朋友。

我有次接了一个金龙鱼的培训项目，当时我对食用油行业其实并不太懂，不过有一个月的准备时间，非常充足，而且我有一位朋友，就是食用油方面的专家，于是我就去找朋友。他向我讲解了很多专业知识，还送给我他们生产的天颂红花籽油让我拿到培训现场做样品，再加上大量的阅读、市场实地调研等方法，这个培训非常成功，直到现在我和金龙鱼还保持着非常好的关系。如果当时没有朋友的帮助，就不会达到这样的效果。

当然，如果一个人总是索取也是不行的，那样的话就会被人躲着走了。

有些人会害怕和优秀的人交流，觉得自己比不上他们，因而产生了自卑心理；有些人对优秀的人爱恨交加，又想交往，又有点嫉妒，其实只要我们放开心怀，不要老是想着和别人竞争，而是联盟，那样的话，岂不是更好？

找到你的客户

不管是斜杠青年还是自由职业，想赚钱，就得有人愿意付钱。

作为自由职业者，很多人的第一个客户，就是自己原来的东家。当然前提是双方好聚好散，而且还维持着良好的关系。如果离开的时候非常不愉快，那通常也就不容易达成后面的合作。

如果有优质的人际网络，朋友们也可以介绍靠谱的客户。

如果有良好的个人品牌，通过社交媒体平台，客户就会找上门。剽悍一只猫由于粉丝量众多，经常都会有广告商找上门，不过他接广告非常谨慎，所以大部分都会拒绝，只有经过认真核查后，确认可靠才会接。

如果是在某些平台注册，就可以通过平台进行接单，比如优步、万师傅、回家吃饭等。支付宝的到位也是个不错的方式，“手心妞”在到位上发布了英语口语陪练服务，很快就有人联系她，成了好几单（到位上发布服务没有门槛，只要在到位上申请，通过审核就可以，小川叔还发布了一个提供拥抱的服务，也通过了)。

社交网络仍然是吸引客源的主要阵地。整理师袁春楠从2012年起就持续在新浪微博和博客上写日记和更新每天的成长，一直坚持输出原创内容。2013年知识平台第九课堂刚成立，需要寻找一些分享者开办课程，他们通过微博找到了袁春楠，双方达成合作，第九课堂决定帮袁春楠推广、招生，袁春楠开始以《成长加油站》为主题专门讲述在生活中怎么整理物品、规划时间。当天来了19位学员，而且每人付费49元，袁春楠特别受鼓舞，要知道那个时候是2013年啊，很多人的付费习惯还没养成。以此为开端，袁春楠一路坚持开线下收费课，有了一定经验后，就决定辞职，成了自由讲师。

如果真的没什么商业头脑也不想培养，那可以考虑找个经纪人，来替你打理商业上的事，当然是需要付费的，所以前提是事情多得接不过来，那么找经纪人就是花钱省事，能节约出时间专心做擅长的事情，由经纪人负责打理经营好你的圈内口碑。

当然还可以利用平台，以下是国内外的一些自由职业平台，国外的自由职业平台相对来说比较成熟，很多国内的自由职业者也在可以在上面接到不错的项目。

Upwork

Upwork拥有众多客户。有各个种类的自由职业类型，可以短期或长期合作，按小时或按项目统计的工作，有非常专业的项目类型，也有针对新手的项目类型。

Elance

Elance 在自由职业中也相当受欢迎，工作种类特别广。用户体验非常好，从个人资料档案完成到支付等都做得相当出色。

Freelancer

Freelancer 的特色是它可以让竞争者们展示他们的得意作品，或者与其他人同时竞争一个项目。

Fiverr

Fiverr 相对来说是一个技能展示平台，你可以出售你拿得出的技能。

Remoteok

Remoteok 可以提供全职或者兼职的远程工作机会，签署合同类和实习类的工作。

国内的平台尚不成熟，现在威客类居多，威客类网站感觉并不是针对自由职业者的，更像是中小型公司网上生意平台，而且价格压得极低，不适合自由职业者，确切地说适合单打独斗。

猪八戒

国内算是做得最大的威客平台了，今年开始免去交易费，改成会员制，感觉是不如以前了。

一品威客

也是威客类平台，跟猪八戒类似。

自由人－自由职业搭伙协作平台（www.freemancn.com）

今年刚刚上线，还不成熟，不过立意挺好的，技能共享、远程工作、搭伙协作、技能提升，还能建立自己的线上工作室。

码市（https://mart.coding.net）

这是特别适合程序员、产品经理和设计师的地方。需求方会发布自己的需求，而开发者则可以根据自己的情况进行接单。

在行（http://www.zaih.com）

成为在行行家，一对一面对面约见或者远程约见，达到一定的约见数量后，也可以进行一对多的团体课程。

充分运用新媒体

这是最好的时代。

网络使草根有成为大 V 的可能性。

只要把握住机会，每个人都可以站上新媒体的舞台，当然，在这里我们并不鼓励博出位的各种方式，最好还是运用知识稳扎稳打，这样，可能做不到一夜爆红，但是会持久稳定。

虽然网上充斥着“十招打造 10 万 + 文章”这样的所谓干货，但是坦率来说，用处并没多大，看了似乎也明白了，却并不见得照着方子能够抓到好药，写出爆文不是一朝一夕之功，打造媒体矩阵，也要不得浮躁心理，固然有人做到了很好的成果，比如达达令 10 个月就积累了 10 万粉丝，剽悍一只猫 6 个月积累 50 万粉丝。但你要看到这个背后的积累，达达令有新闻背景，剽悍一只猫的演讲能力和对读者心理的把握都有过人之处。

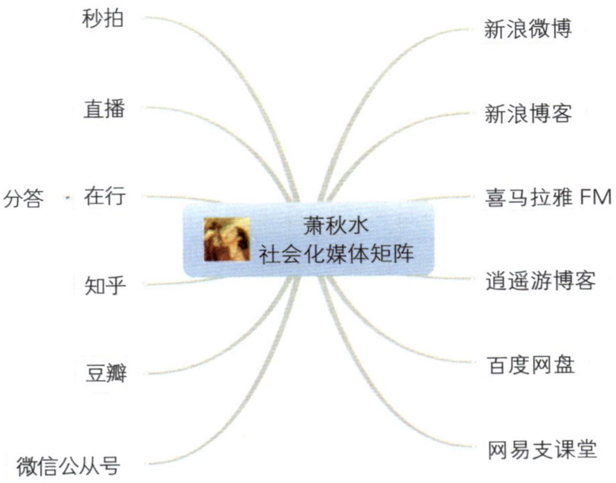

对于移动互联网时代的自由职业者来说，新媒体技能的掌握，可以说是一种必需。如果能够运用好新媒体，打造出良好的个人品牌，那么对很多事情都是非常有利的。

在这里我们推荐一下自己的课程：网易云课堂的《微博营销》和《微信营销》，对于想要了解微博运营和微信公众号运营的人来说，是份不错的入门指南。

当然，除了微博和微信公众号以外，我们也建议多关注一下适合自己的平台，比如文艺青年普遍聚集在豆瓣，如果以文艺青年为粉丝对象，那就必须做好豆瓣运营。

我用了多年时间，打造了自己的新媒体矩阵，而且都是亲力亲为，由于时间安排得当，并不觉得有压力，相反，由于深度掌握这些技巧，所以才培养出了对新事物的超强敏锐度，这也就是俗称的网感。

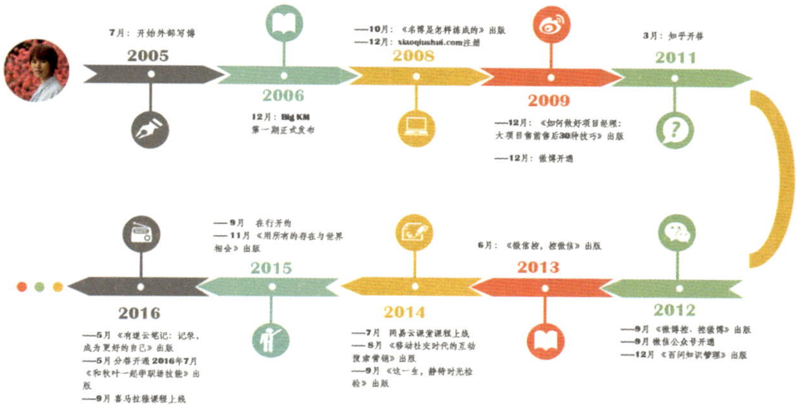

互联网和传统行业的最大不同，就是参与感，必须深度参与其中，才能深刻理解何为互联网思维，如何把互联网思维和自己相结合。

有一位叫勾俊伟的某企业电商总监，曾经把我的 18322 条微博、948 篇书评以及 3000 余篇博文进行拆解，分析了我的成长路径，制作了一张《萧秋水的成长大事记》的图：

乘上新媒体的东风，可以让自由职业者如虎添翼。然而需要注意的是：最好要有自己的独到优势。现在很多人一开微信公众号就是写读书笔记、写书评，然而这些已经泛滥的内容，并引不起读者的兴趣，像勾俊伟这样，拆解大V，虽然耗费的时日精力都很多，然而这个拆解的过程本身就是学习，而拆解的文章由于其认真度，也会获得大V的认可，从而获得传播。

什么时间可以辞职

说来好像很简单，想成为自由职业者，只要离职就行了。“猴菇旅行历险记”大学毕业后做了一年互联网，就离职成为自由职业者，然后开始环游世界，没有多少积蓄，一边旅行一边做电商，由于有电商经验，还真是让他既实现了旅行的目的，电商生意也风生水起。

不过，相当一部分人做不到这样潇洒，还是需要经过深思熟虑。

怎么判断时机是否合适，这才是关键问题。

杨小米辞职的时候，并没有想着就此成为自由职业者，当时还想着要尽快再找一份工作，不过过了一段时间后，发现自由职业也不错，时间再长一点，就不想找工作了，这有点像是误打误撞。

有些人辞职成为自由职业者，过了一段时间以后，发现情况好像不太对，于是赶紧再找份工作去上班，这也不是不可以。

其实，人应该让自己拥有更多选择的自由，而不是“只能这样”或“只能那样”。如果以兼职的方式做喜欢并擅长的事，能够有持续不断的收入，而且超过正职，是可以考虑离职从事自由职业的，不过需要区分清楚的是：兼职是完全靠自己，还是对正职所带来的资源有所依赖，如果判断错误的话，离职后就有可能失去这种资源。

下面有一些自测题，可以测试一下你是否适合裸辞成为自由职业者：

1. 有没有想好辞职后怎么生活？有没有足够的资金和技能储备？

2. 经过一段自由职业后，再找工作是否容易？

3. 在现有公司是否受到足够重视？工作能力是否受到广泛认可？（如果工作能力不受到认可，是公司原因还是个人原因？）

4. 是不是觉得自己不受重视？发展空间有限？老板和同事很差劲？（如果都回答是的话，需要警惕，因为不喜欢现有的工作，有可能是自己的失败，而不是环境原因，这样的话，即使离开了也不见得会改善。）

5. 在公司内的发展机会怎么样？相比自由职业，哪一个诱惑力更大？

6. 离职的话会有哪些影响？比如期权、股票等方面？如果在这方面有可能造成损失，损失是否能够承受？

7. 正职和兼职同时进行，是不是时间非常不够用？如果全力投入到兼职中也就是成为自由职业者，是不是因为时间宽裕而加倍加速发展？

8. 是否具备足够的自我认知能力？对于自己的优势、劣势、风险、机会、资源等是否清楚？

9. 有哪些优势和资源会在离职后消失？能不能承受？

10. 家人是否支持？家人的支持对你来说重要度是怎样的？（通常来说男性要更慎重，如果男方成为自由职业者而又在一段时间内没有收入，有可能引发家庭矛盾，而引发矛盾的原因并不见得是女方“嫌贫爱富”，相当一部分情况反而是男性由于收入降低而自尊心受损，所以特别敏感。）

确定你能够提供哪些服务

很多斜杠青年和自由职业者——尤其是专业人士——都是专业通才或者全方位专家，这就是说，他们拥有很多技能，这使得他们可以独立负责一个甚至多个工作职能，例如，一位营销专家可能是一个搜索引擎优化专家、付费广告专家、社交媒体营销专家、文案专家以及分析专家——他可以运营整个营销渠道。

但是，在推出这些服务的时候，最好还是审慎地确定，然后打包。

最关键的一点是：你如何知道你的客户想要什么？

所以，必须先做一些准备：

1. 研究客户和市场

如果你想进入某个行业或者市场，就要观察这个行业或市场的引领者在做什么。例如，如果你想在电商领域工作，就要看看像天猫、京东这样的大品牌在做什么，同时也要看看一些小品牌在做什么。看看和你同样身份的人们在做什么，这在网上不难了解到。

也可以问问行业内的潜在客户和朋友，让他们给你一些意见。或者到一些专业论坛，看看并参与讨论。不要和行业脱节，否则是非常危险的。

2. 打包你的服务

你的服务内容应该精简并容易理解。内容应该用简单的语言呈现，还要讲故事说明服务能带来的影响。在把服务包推广出去的时候，能够做到不言而喻，没有想象空间，就算有问题也应该很少。

以下是打包服务的三条准则：

（1）回忆你过往的工作和经历

回忆过往成功的客户合作或项目能够帮助你确切地概述为达到具体目标需要做什么。回顾旧项目来判断哪些有效，哪些无效。什么是你可以做得更好的或者是可以省略的。此类分析可以帮助你打造一款实现成功的最佳服务包。

（2）你提供的服务要具体

提供“管理社交媒体”服务这一说法可能对某些客户管用，但他们可能会想要更多细节。他们还可能在脑中已有具体的想要实现的事，但他们不确定如何表达或说明。你的服务包越具体，客户就越有可能说：“对，这就是我要的。”

（3）认真撰写文案

撰写服务包的内容时，最好先有针对性的问题描述，让别人对照知道自己的痛点，然后再描述自己的丰富经验，要认真推敲用语，尽量精悍简洁。

比如小川叔在行的职业话题：

远程：职场上升期如何更好地提升自我

【此话题为远程话题，学员将通过在行的语音功能完成和行家的约谈。】

工作几年职场发展遇到新的机遇和挑战，如何应对？

内心渴望成长和提升，如何找到途径？

面对这样的问题，初入职场的新人经常会有这样的困惑：

想表现却找不到合适的方式；

升职后，找不到从技术人才向管理人才转变的路径；

无法应对任务背后带来的压力。

我拥有六年集团管理经验，从普通文案晋升为品牌总监，完全知晓技术人才向管理人才通路遇到的障碍和壁垒。曾有过三次带队失败的深刻教训，一度丧失管理信息，从负数起跑，扭转上下属对峙严重的局面。

我愿意与你分享的内容包括：

规划成长路径；

提前做好管理者心态；

新手领导的引领和平稳过渡。

PS：在选择与我见面前，请把你的问题更具体化。毕竟一小时的谈话只能解决一个小问题。请把你的问题提前发给我，方便我做更精确的准备，提升见面效率。期待与你的见面。

3. 不断修改你的服务包和相关文案

不要想着一劳永逸，当你进步了，你的服务内容不同了，那么，一切就要更改，包括个人简介都是这样，最好每半年更新一个版本，因为半年内你可能取得了新的成绩，你的服务由于知识的更新也和以前不一样，那就应该把它们体现出来。

（幻方秋叶 PPT 霸道总裁小巴友情出场）

你在外展示的一切，都应该是经过精心设计的，而不是漫不经心的。包括形象照片在内，尽量不要用艺术照，那样显得失真而且不专业。可以拍摄一辑考究而又不失真的形象照。

深挖技能

要成为自由职业者，往往需要具备一技之长，如果连相应的技能都不具备，就贸然跳到海里，那很有可能连养活自己都无法做到。

这个技能，要看在社会上的竞争力。大公司出来的人，技能往往不全面，因为大公司讲究协同作业，通常需要不同人、不同环节来完成整个流程，一个人所掌握的技能，有可能只是涉及一个环节，这要放到社会上，未必管用。

所以在成为自由职业者前，最好能够盘点一下自己具备的技能，做些准备。

很多人认为，会写字就可以出书，这是很大的误解。

以我的切身体会，出书通常是不赚钱的，除非是销量上 10 万的畅销书，但在目前的出版市场，销量 10 万真的不容易，尤其是对于初出茅庐又没有网络人气积累的作者来说。

书是一个通道，可以积累名气和打开培训、咨询等市场，我所出的几本书，销量都还不错，单指书籍方面，相比投入，可以说盈亏平衡，如果论到名气和其他，那也还是赚了，但如果说希望出书带来直接、大量的现金流，那不现实。另外，书籍也要看种类，有些书天然不具备畅销条件。

至于培训，在企业内部的培训和专业培训师是不同的，前者，来听的都是同事，大家囿于面子，往往也给好评。而社会上的培训，学员的要求高，未必买账。

要想在自己的自由职业生涯中最大限度地降低风险，有几项原则：

第一，要把握好“市场需要、我最擅长、能者不多”的定位原则，使自己或自己的产品具有市场性、竞争性和独特性；不要试图山寨别人，靠拷贝别人现买现卖是没有竞争力的。同样的道理，如果你的产品或服务能够被别人轻易拷贝，那也说明你并没有别人不能取代的核心竞争力。

第二，为了防止自己知识和技能的老化，你必须具有不断学习和创造的能力，而不是试图“一招鲜，吃遍天”。这在知识更新速度日益加快的今天，已经行不通了。学习能力已经演变成为新的生存能力。

第三，增强自己的法律意识和风险意识，在与人合作的过程中要有维权意识，注意用法律和规则保护自己，以防“客大欺店”和遭小人暗算。

第四，尽早地为自己在医疗、意外和养老方面投入必要的保险资金，做到晴天也防连阴雨。

建设心理

从全职工作到成为自由职业者，会面临一个身份落差、关系落差。当然得承认这个社会是现实的，不在其位，不得其利。有些人误认为在位时获得的友情是真挚的，所以不能承受离开原来位置时别人的冷漠。而有些人习惯了之前在单位时的光环，一旦离开原单位，这些光环消失了，平台赋予的优势也不存在，可能会对自己的能力产生怀疑，这时候的不自信心理也是需要警惕的。

其实，对这些都应看得淡然一些，一般来说，一个人从原来的单位离职，会失去一批朋友，也会失去一些原有的福利，比如酒店住宿不会再享有集团优惠等，要习惯这种情况，从心理上消除不适感。

而在另一方面，也可以把这种心理上的不适感转化成驱动力：正因为已经成了自由职业者，可能会被别人看扁，那就更要争气，一定要变得优秀，这样就不会被忽视，用实际成果来证明自己的能力，而不是把时间花在无谓的情绪低落上。

说个小故事吧：

有次，好友来深圳，约好了一起吃饭，朋友 A 的一位朋友 B 知道这位好友过来，有些问题想请教他，于是就请那位朋友引荐。一起吃饭的时候，朋友 B 问我是做什么工作的，我就老老实实地说：“无业游民。”他脸上立刻显出很鄙夷的神色，后来也不再和我说话了。

后来，萧秋水小朋友就发愤图强了……然后内心也强大起来了……

不过要说到心理保障，还是剽悍一只猫的做法更有效，就是不停地给自己打鸡血。

上图是剽悍一只猫在 2016 年上半年每天早上起来看到的第一行字，只要睁开眼就能看到。

练声的时候每天都会反复唱一首歌《*You raise me up*》，歌词贴在门边的墙上，《士兵突击》的剧照也贴在墙上。

剽悍一只猫的转变，其实就是从定下这个目标开始的，那个时候，的确看上去是个不切实际的目标，不过剽悍一只猫发了狠：

“老子快 30 岁了，一天到晚做着屌丝逆袭的梦。定这个目标，也

是为了做点牛 × 的事，让自己老了以后对着后代有牛 × 可以吹。最近终于想明白了，想要不迷茫，只有3个字：干！干！干！”

然后，他干成了。

对我有效的办法、对剽悍一只猫有效的办法，对别人未必有效，每个人应该针对自己的情况，寻找自己的心理保障，毕竟，每个人都是独一无二的。

家庭保障

现在，很多家庭对于孩子的未来，要求已经比较宽松，愿意放手让孩子自己选择，即使是选择做他们看上去非常没有保障的自由职业者，他们不会干涉太多。不过也会有些家庭，对于自由职业者这一选择持反对态度，在他们看来，最好是在事业单位，如果不能，退而求其次，也得是在企业做全职工作，如果做自由职业者，他们会觉得孩子没出息，出于爱，也会担忧孩子的未来。

在这种情况下如何和家里做好沟通？

我们的建议是：

一个人终究需要自立，用自己的能力去证明即使是做自由职业，也可以做得很好，既从事自己喜欢的工作，也能够养活自己，甚至可以比全职工作收入更高，在保障方面，可以购买商业保险，让家里放心。

在家庭沟通方面，其实也是有技巧的。很多孩子之所以无法获得家庭的支持，是因为事无巨细地都向家里汇报，尤其是工作中一些不愉快的事情，有些女孩子还可能在给家里打电话的时候一边说一边哭起来，让家里很不放心。其实不管是否成为自由职业者，最好都保持“报喜不报忧”的态度，也就是遇到值得开心的事向家里说，遇到不开心的事，就自己默默吞咽，或者向朋友倾诉，但不要把父母当成诉苦对象，现代社会发展太快，很多父母对于孩子职场上的事情并没办法给出建议，反而徒增烦恼，那又何必呢?

其实成长成熟的标志之一就是自己承担。

如果已经成家，想要成为自由职业者，一定要和另一半好好商量，两个人共同商量，如果因为失去固定收入，而让另一半的负担增加，又没有做好思想准备的话，很有可能造成以后的麻烦。

有了家庭保障，自由职业者也可以少些后顾之忧。

健康保障

如果你有意向成为自由职业者，在离职之前，先别冲动，最好先做个体检，全面检查一下身体情况，如果是非常健康的状态，再考虑离职不迟，如果身体有些部位有隐患，就要慎重些下决定，比如，成为自由职业者以后，一场大病就可能带来很大的麻烦，而有单位的话，就会相对好些。

没有过硬的身体，不要说容易发生意外（如大病等），也不易抵抗自由职业的压力。比如有的培训讲师，一个月要讲22天的课，这就很恐怖。职业培训师工作对腰、膝、喉的伤害都是很大的，还要考验身体对出差的适应能力。比如有人挑床，在外出差往往睡不好，这就是很麻烦的事。比如还有培训师因为空中飞人的生涯，起落太频繁，耳朵受不了空气气压，导致耳疾。

所以不要只看到贼吃肉，还要看到贼挨打。

请注意，身体是否健康需要去做体检，而不要只是自我感觉良好。因为人的感觉有时候并不准，还是医院体检更加可靠些。

假如身体状况有些问题，不如还是继续在单位里待上一段时间，毕竟，这种情况下成为自由职业者，风险还是太大了。

不过，身体状况不好也可以考虑辞职，就是太过疲劳，身体已经到了临界点，如果继续上班，那对身体就是伤害。我当初积劳成疾，咳嗽了一年多，离职后，身体很快就好转，四个月后，咳嗽完全好了，于是就活蹦乱跳地到处游玩去了。这主要也是因为我特别怕吹空调，自己在家里可以不用，出门也有意避开，但上班的时候这可做不到。

另外，健康保障还不只是自己一个人的，最好也要考虑一下家人的健康状况，有的人成了自由职业者，后来遇到家人患病的情况，立刻经济上紧张起来，无奈之下，又找了份工作朝九晚五地上班，这样，毕竟是有了稳定些的收入。

财务保障

自由职业者要想好：

现金流方面，如果半年内没有收入，是否可以支撑？

如果身体状况出现变化，或者家里出现了其他意外情况，是否可以支撑？

和创业一个道理，最好不要山穷水尽，动用全部积蓄。最好留一笔钱存放好，不到万一不要动用。如果是有家庭的人，这点更为重要。这算是一个财务缓冲，在成为自由职业者之前，必须想好。

在财产方面，重点在于增收而非节支。如果一味省钱，生活品质大幅下降的话，自由职业者的幸福指数可能就跟着下降了，想办法赚钱才是正道。

斜杠青年由于有正职有兼职，收入比较多元，所以不会担心收入不稳定的问题，而自由职业者在这方面的忧虑要多一些。很多人成为自由职业者以后，往往开始精打细算，为了防范未来的风险，不太敢花钱。

其实，节支固然不错，特别是对于奉行极简主义的人，但如果因为收入因素而降低了生活品质，那也是不值得的事。

对于自由职业者，应该把重点放在如何增收上，而不是一味节支，因为开源更重要。自然这也不是鼓励挥霍，而是指人生的重点不要弄错方向。

在收入方面，一方面是要多争取主动收入，也就是做一件事拿一分钱，更要注意被动收入，也称为管道收入。

管道收入虽然是经常用在传销的话术里，但我们可不是鼓励传销。管道收入的意思简单来说，就是不做事也有钱拿，而这个钱，来自平常铺好的管道。比如在微信公众号里写了一篇文章，隔了很久，有人看到，还是会赞赏，当初的付出，可以带来源源不断的收入。这样的管道，应该多进行铺设。

只要有能力，有粉丝，尤其是凯文·凯利说的那类铁杆粉丝，管道收入并不算难。比如：

分答上的偷听收入；

喜马拉雅的分销收入；

微信公众号的赞赏收入、流量主收入；

今日头条的广告收入；

如果要是能够写书，那就有版税收入；

……

如果真想达到“自由职业态”，就需要多关注这样的新事物、新渠道，然后善加利用。

我从 IT 行业离职后的半年内，并无经济收入，靠存款生活。工作了 20 年，而且第一份工作是在银行，自然也受到银行熏陶，在储蓄等方面比较看重，另外我是意识独立的人，自从大学毕业后，就没有伸手向家里要过钱，这种独立意识和银行环境都促使我在理财方面早做了些准备，在 IT 行业工作多年后，身为大公司中层管理者，薪资也还勉强可以，起码够我用了。早在离职前我就已经做好了准备，基本上，如果完全没有经济收入，依我的日常支出，三年都是没问题的，有备无患，谋定后动，做事情不冲动也是我的原则。

在经历半年的逍遥后，才开始接培训和其他工作。另外，写书的版税虽然不高，也还是会带来收入，我对生活原本要求不高，所以可以优游度日，这个说起来的确就是这么简单，但要做起来，或者换个人，未必容易。当然随着努力程度的加深，以及慢慢积累，收入也慢慢多起来了，这是后话，所以我始终相信“天道酬勤”。

案例

吉吉：一个斜杠妈妈的崛起

姓名：吉吉
性别：女
标签：热爱自我管理的斜杠妈妈/母婴自媒体/21天打卡社群群主/美国正面管教家长讲师/生涯规划师
年龄层次：80后
身份：斜杠青年

两年前，她是个哺乳中的新妈妈。

辞职、换城市、30岁……

人生拐角处，一切充满未知。

过去的一年半，

她和闺密创办母婴公众号“慢成长”，累积了15万粉丝。

她写了200多篇原创文章，单篇最高阅读量80万+。

她创建了自我管理打卡社群，影响数千人走上精进之路。

她不断开拓自己的新边界，开启讲师、咨询师生涯。

她曾是——

蜗居香港 7 年的媒体人和普通白领，

奔赴过灾难现场采访，

也踩过高跟鞋迷失中环。

她现在是——

育儿影响力自媒体。

美国正面管教家长 / 学校讲师。

鼓励咨询师 / 解密青春期讲师。

国家认证生涯规划师。

（分答）认证答主。

“吉吉 21 天打卡群”创始人。

一个更从容的全职妈妈。

萧秋水：吉吉，我看你的文章，有个感觉，文字功底很深啊，应该不是一朝一夕之功？

吉吉：秋水老师说对了，我曾经在香港工作 7 年，主要从事传媒行业，也曾经混迹在金融圈。

萧秋水：怪不得！方便说下具体的工作吗？

吉吉：我在香港最具公信力的一家报社，分别做过国际版编译和中国版记者，因为两者领域都比较大，所在机构又对稿件要求很高，比如要独家、角度新颖，这段经历很锻炼人，有 3 年时间都是晚上 11 点下班，每天有大量的采访和写作，题材包罗万象，从宏观经济、政治选举，到社会趣闻、文化艺术、人物特写都有，曾访问过韩寒、潘石屹、刘慈欣、陈文茜等。

萧秋水：哇，太羡慕了！那后来怎么转金融圈了呢？

吉吉：从事金融是因为对有危险的生活比较担忧，加上在香港从事金融很体面、薪酬很高，所以有机会我就进入了金融圈，在最繁华的国际金融中心上班，每天踩着 10 厘米的高跟鞋，主要做的是 CEO 助理，处理一些行政事宜，也有辅助一些项目。

表面光鲜的同时，也会觉得这不是自己想要的生活，一来专业上吃力，同事往往有法律或四大背景，二来不甘与之前的积累脱节，更想发挥写作优势，从事会和人接触、传媒延展类的工作。后来就离开了这家公司，回到了传媒圈，在一家电视媒体香港分公司任职，大领域不变，仍是传媒，但是尝试了其他类型的工作，公司人不多，我主要负责辅助总经理管理公司的行政人事，以及进行营销推广和活动策划，和总部协调对接。

2015 年至今，生娃辞职回到深圳，和朋友一起做母婴公众号“慢成长”。

萧秋水：咱们以前在趁早读书会的一个活动中是见过面的，抱歉我比较脸盲，后来看到秋叶提起你，我才想起来。

吉吉：秋水老师说的是勾搭大叔被点名吧。

其实我想说这是个偶然事件，又是必然的，秋叶大叔是我做打卡群大咖分享勾搭的第 5 个人，说实话我请了这么多次了，也没有统一的模板，按模板套路写，还不如我即兴写快。

只有钱可以请到嘉宾吗？打卡群的主理人，曾经靠着这样的热血去请过其他嘉宾，直接就被拒了，那我为什么可以请到呢，我的唯一套路就是真诚，不放弃，想着能给对方什么。

萧秋水：除了秋叶，还有别的精彩的勾搭故事吗？

吉吉：我还记得勾搭邱晨的时候，本来我和她之前在同一家传媒集团供职，是想利用这层关系，但是并没有什么用，微博的私信，我连续发了很多天也没有回复，发到第 14 天左右，她才看到，即便勾搭上了，由于邱晨和《好好说话》有合约，能讲的题目受限，也一度以为邀约还是无法成行，后来我们协商了题目，在 QA 部分带出大家自由问的问题，当天的分享效果特别棒。

再比如勾搭考拉小巫，我也一直挺喜欢她，和我同龄，但是考拉最开始也没有看到，我会思考考拉怎样会对我这个人也产生兴趣，包括通过讲同是妈妈的经历。那阵子分答正火，我知道考拉会上去回答问题，还跑去分答说：“考拉，请看一下私信哦，我想邀请你来分享。”

然而我做邀请大咖的初衷，也仅仅是打卡群改成收费了，要怎么对得起大家多交的 50 元、68 元、88 元，我能想到的方式就是，把不容易请到的嘉宾邀请到群里，大家相当于众筹去听一次难得的分享。我不想我的社群慢慢死掉，外面通过训练营在做打卡群的很多，我只能去想一些区分的方式，以及让一直跟着管理社群的伙伴有物质回报。

萧秋水：听你说这些，不知道为什么我总觉得，这应该和你过去的职业经历也有关系。

吉吉：是的，这些事再往前看，我在做记者的时候也往往有同样的劲儿，尽量做好，百分百地努力，有次出差采访，我不小心把单反相机丢了，在那个小城市，由于是拼车，拿回的概率几乎为零，怎么办？我满脑子想的不是钱，而是我拍的采访照片全没了。当时只沮丧了一秒，我可以和主管说完不成任务了，但我没有。我跑去数码店买了个便宜的相机，重新去现场访问，还是没拿到独家，但我坚持询问，找到了一个线索，立即打车一个多小时去到了一个小乡村，那个地方不方便透露记者身份，我又扮成了学生，借助当地村民的帮助和翻译，拿到了我想要的采访资料。

如果再往前看，我在大学里做音乐广播节目，后来做成了学校的经典，直至毕业几年后偶然在文中提起，还有陌生人和我说“原来那是你，中秋的节目我听哭了”。没有捷径，唯有用心，我会为了配合音乐的歌词、内容设置好台词，卡到哪一秒进入，不满意，重录，有几次都是在广播台录到夜里 12 点才回家。

大学里演话剧《恋爱的犀牛》，也是不会演，一开始怎么都不像，后来我就模仿录像，有个摔倒的动作，反反复复摔了几十次，腿都青了，最终站在舞台上时，我收获了最热烈的掌声。

当然不是每一件事都可以有这样的劲头，但是相对来说，我更喜欢扎实的路径，不喜欢特别快特别着急，没有一样事做好、没有工匠精神就着急变现分享。

萧秋水：在这个浮躁的时代，我喜欢这种踏实的精神。能不能分享下你的斜杠路径？

吉吉：我的斜杠路径和一般人不同，是在面临几个人生重大转变的关口（30 岁、做妈妈、换城市、辞职）后，没有了所有的“杠”，本来打算给自己一年的时间做全职妈妈，然后重返职场，但没想到在这个过程中遇到了慢成长，并把它从斜杠变成了单杠，既是自由职业者，也是创业者。

全职妈妈期之所以不安心只当一个妈妈，是出于对安全感的需求，来自精神和物质两个方面。

一方面，能够感觉到做了妈妈之后体力、精力都有所下降，时间不够用，有很多 90 后比自己更拼做得更好，然而自己还有很多没完成的梦想，对自己的期待比较高，所以会产生压力和精神上的需求，就是希望自己除了慢慢变老、在应对可能开始的人生下坡外，能有些别人拿不走的安然的力量，能对接下来的生活充满盼望，有自己核心的价值体现，比方说更专业、更智慧、更有经验、更平和。

另一方面，钱也很现实。这不是说有个有钱的老公、能让我啃的老爸就可以了，这是内驱的，自己给的安全感。不单单要有会赚钱的能力，而且要有能持续赚钱的能力，最好是，你可以有停下来的自由，当你停下来，你也能赚钱，就是所谓的“睡后收入”。

慢成长是个微信公众号，因为有团购、广告等营利模式嵌入，本身角色就比较多（写作、运营、管理等），后来因为要自己写更权威、更系统的育儿文章，我学习了正面管教，成为一名正面管教家长讲师，会对外授课；再后来有很多妈妈以及打卡群的朋友问我一些职场人生困惑、平衡问题，我又经过学习成了生涯规划师，开始了一对一咨询。

这些单杠和斜杠加起来最大的挑战，来自于我是一个妈妈，需要在家办公，而孩子还比较小。我管理时间的主要方法是：

1. 找对应孩子作息的黄金时间。很少迟于 6 点起床，孩子起床前、午睡、晚睡后，都是我的黄金时间。

2. 授权。家里有老人，和家人协商好，上午、下午会各保证几小时帮我带孩子。

3. 碎片时间利用好。刷碗的时候听音频，带孩子的时候如果不需要打断她的专注只是作陪，会进行一些构思，帮助我回到电脑前马上开始码字，和孩子玩也能当作任务放松的休息期。

4. 多任务结合，我的育儿文章灵感会来自带娃，我的打卡项目有陪家人，我做育儿讲师还有解答妈妈们的生涯困惑，本身对梳理管理自身也很有帮助。

5. 处理好情绪，承认自己的局限性，自我教练，审视价值观，我做得还可以了，参照物是我自己，而不是他人，减少由情绪带来的“暗时间”。

萧秋水：这些好经验，对于新妈妈来说，都是很有价值的啊！慢成长是你创立的吗？

吉吉：是闺密创立的，她邀请我加入。当时我也迟疑了很久，主要是我知道公众号的强度，喂奶期保持更文有难度，还有就是我做妈妈不久，觉得自己经验不足，没有资格写告诉别人怎么育儿的文章。同时我也在找自己的状态，怎么样让自己更容易坚持。

我的性格弱点是，喜欢过度准备，所以最终让我加入的契机是，我的朋友说，她要去北京开始一份新工作，如果我不帮她，这个号就要停掉。我当然觉得太可惜，于是赶鸭子上架了。

虽然我一直在做准备，包括看了很多育儿书，但真正做公众号就发现，还是有平台输出，会倒逼到输入的质量和速度，你永远没有准备好的那一天。从一开始战战兢兢发了几个自己能写的，到发现储备不足，每天都大量的阅读，到现在每周更新三篇育儿干货，慢慢习惯了这样的节奏。我也在不断通过上课、学习，花很贵的学费来补齐我的短板，然后会发现育儿背后有很多深层次的东西，比如心理学层面、教育学层面的东西，育儿体系也有很多，这些全部都要去学。

但是能让我坚持下来做一个公号狗，尤其是在最开始的三四个月是没有什么收入的，要感谢两件事：

第一是为自己准备了一条退路，我去上了职业发展课，详细地梳理了自己的兴趣、能力、价值观，知道了类职业的调查方法，我可能做的职位和晋升路径。如果全职妈妈期结束，或者公众号做得不好，我是可以找工作养活自己的。

第二是坚持打卡，打卡围绕打磨核心技能（写作）还有挖掘有兴趣但还不够擅长的潜力区。21 天打卡我都是全勤坚持下来，韧性越来越足，然后我的打卡会持续与写作关联（每天写一篇文章、每天看部电影写影评、每天听音频写笔记、每天写作主题阅读 1 小时等），加上这个过程补充育儿知识，学习到了一些自我管理技能，也有平衡家庭关系打卡的内容，这些都会为我的公众号运营助力。

正面管教和生涯规划师，本来都是基于慢成长这个平台可能的延伸空间，为打造个人品牌而去学习的，这两个领域都需要大量的时间投入，我也渴望自己能够更精深、更专业，所以没有着急变现，而是踏踏实实地从公益咨询、公益讲座开始。慢慢地也有了收费讲座，更多的付费一对一咨询找到我，所以又延伸出了新斜杠，不管是和慢成长链接，还是之后作为独立身份，都会有一定的空间和收入的想象，又能给自己安全感。

萧秋水：方便透露下收入吗？主要是让斜杠青年们有所参考。

吉吉：慢成长的主要收入包括广告、团购，目前月入 3 万元左右，逐步增加。

分答只开通了一个月，没做推广，草根身份加入，收入1000元。

社群收入约1000~1500元。

生涯/公众号咨询目前约每月1000元。

未来预计收入：

正面管教即将接线下系统课，市场收入5000元+（目前主要还在公益讲，积累经验）；

系统收费咨询；

个人课程、出书（均难产中……）。

以上收入属于税后的部分还是比较少的，要多劳才能多得，而且不能停下来。总体也不是很满意。

萧秋水：要做到现在这样，真不容易，你觉得自己拥有哪些核心技能？是如何培养的？

吉吉：我觉得主要是写作和主持两项核心技能。

● 写作。本科和研究生都是新闻专业，毕业后从事传媒工作，一直不停地写。尤其是报社，每天写很多篇，有字数限制，所以要字斟句酌，要从大量的采访信息中提炼最重要的，以及琢磨标题怎么拟更吸引人眼球。我非常擅长写采访类、基于大量信息收集后由我来整合的写作。加入慢成长后，也是写文更新频繁，我培养的方式就是平台输出，不断吸取反馈意见，观察别人的写作优点，通过多重和写作有关的打卡项目，持续精进。

● 主持。从初中开始在家乡的文艺广播电台当嘉宾主持，高中成为开设广播台的元老，到大学成为广播台和电视台的骨干，参加主持人比赛获奖，我一直特别喜欢和声音有关的内容。主要的方法就是多听、模仿、要自恋，有主播的状态，我看过很多主持人大赛还有主持人自传。很遗憾正式工作和这部分没什么关联，但最近会发现积累的能力还是很有用的，我开设了荔枝电台，断续唱儿歌分享正面管教的知识；分答；主持线下活动；微课……声音优势都会发挥出来，形成合力。但是我的主持没有经过系统训练，我有报名科学发声课，也在持续练习即兴演讲的能力，希望这一块可以更好。

萧秋水：看来声音这块我也可以多向吉吉学习啦！你认为普通人如何修炼才能成为斜杠青年？

吉吉：

第一，知道自己为什么要成为斜杠青年再开始：

1. 不要赶流行，不要因为别人说斜杠青年好，就盲目地加入，这应该是一种有目标的主动选择，而且知道需要大量的投入，其实很辛苦；

2. 有深层次的需求，像我说的安全感，还有一些契机，比如年龄、家庭变故、工作瓶颈等；

3. 摆清斜杠和单杠的关系，斜杠不是单杠做不好就逃避，单杠没解决的问题没踩过的坑，斜杠一样会掉进去重补这一课，所以应该把单杠做好，打一个比较稳的地基，培养核心技能，就算不喜欢，单杠也可以修炼你把不喜欢的事做好的能力。

第二，斜杠青年的四阶段：

1. 照妖镜：认知自己，找到精进的方向。

A. 更多维度地去了解自己，通过各种各样的工具，比如性格测试、行为风格测试、生活态度取向测试、价值观梳理，去认知自己，知道自己是什么样的人，为什么同样是探索，速度、节奏、心态会有不同。

B. 知道自己喜欢什么，找到兴趣和天命。排除钱、时间等因素，最想做什么，梳理过往成就事件，找到一些共性，发现自己真正喜欢的是什么。

C. 认知现实、遥望理想，将愿景描绘出来并固化，找到差距和努力的方向。

2. 默练剑：通过持续行动，修炼技能（划分能力矩阵，喜欢与擅长的优势区是核心技能，需要不断打磨；喜欢但是不擅长的，是潜能的部分，应该加强，培育发芽的小种子；不喜欢也不擅长的盲区，不要做，回避不了的，死磕到不扯后腿）。

3. 等风来：外化自己，扩大圈子，告诉别人自己准备好了，积极地站在风口处等待机会的来临，甚至主动出击。

4. 滚雪球：依托一个平台和身份，斜杠身份的数量会不断地拓展，然后要具有把多重身份整合在一起打组合拳的能力。

第三，斜杠青年要注意的：

1. 要围绕个人品牌，这样单个身份或者平台如果失去了势能，大家还会因为认可这个人而追随。

2. 所有的积累都有价值，不一定马上兑换成显性的名利，但是这当中积累的经验、可迁移的能力都是弥足珍贵的，人走的每一步，都有价值。

3. 要有多个维度的平衡：阶段性专注、身体保障、家人情感的支持、时常审视初心。

萧秋水：吉吉总结得真是太棒了！能说说工作和学习中最常使用的工具吗？

吉吉：时间管理类：Moment、Forest。

知识：得到、喜马拉雅、网易云课堂、微信读书、朝夕、简书、知乎。

工具：有道云笔记、印象笔记。

放松：Insight Timer（冥想）、Keep、爱奇艺、哔哩哔哩动画。

萧秋水：我注意到一个有意思的现象，你是有道云笔记和印象笔记都用，一般人只会选一样，我用两样是因为我写有道云笔记的书，你是为什么呢？

吉吉：我是都下了，有道常用，传打卡笔记，印象笔记刚开始研究，想做晨间日记。

萧秋水：原来如此，明白了。

吉吉：秋水老师的有道云笔记的书我也买了打算研究下呢，我觉得资料的存储还可以更进一步。

萧秋水：谢谢吉吉。

林一城：
这座城让人眼花缭乱

网名：林一城
性别：男
标签：PPT/ 穿搭 / 撩妹 / 大学生创业者
年龄层级：90 后
身份：斜杠青年

一年前，林一城只是一个二本高校里的普通大三学生。

过去的一年，

他用 12 个月为 28 位企业 CEO 设计发布会 / 演讲型 PPT，影响上百万人；

他虽未毕业，却已为全国排名前 12 的商业银行做企业内训；

他用 3 个月把 30 岁 IT 男彭小六培养成了少女“杀手”；

他用 3 周就拿到了公众号原创标；

他整理出 15 个月学习的穿搭知识结

晶——《型男穿搭改造宝典》，影响上千人。

他曾是——

1000 多万应届毕业生就业大军之一。

直男癌晚期患者。

他现在是——

故事学院首席演示设计师。

微软加速器 Demo Day 演示设计师。

非认证男装搭配达人和撩妹达人。

知识型 IP 训练营北京分舵舵主。

月入 2 万的大四学生。

萧秋水：一城小朋友，多大了?

一城：禀教主，22 周岁。

萧秋水：你本名就叫一城?

一城：禀教主，姓名林子健，网名一城，直男，标签是 PPT/ 穿搭 / 撩妹 / 大学生创业者。

萧秋水：呃……在上大四是吧？什么专业?

一城：专业是国际贸易，不过所有的工作经验都来自 PPT 设计。

萧秋水：用 PPT 做过啥?

一城：2014 年用 PPT 给家乡的一个公司做网站设计；

2015 年和朋友创办演讲设计公司，负责演示设计，服务过互联网金融、装饰装修、教育、娱乐、医疗、文化等行业，还服务过顶级网红、上市公司等。

萧秋水：这个演讲设计公司……是不是和戚泽明一家的？

一城：教主英明，就是一家的。

萧秋水：因为演讲设计公司本来就少，我听泽明讲过公司类型。那你的经历还真是丰富啊，讲点故事听听？

一城：一年前我在女生面前很㞞，我承认。看了一些恋爱学节目总觉得自己也可以去搭讪了，用上那些非常实用的技巧，我也可以把姑娘们逗得花枝乱颤，然后优雅从容地留下微信号。直到我第一次实践，我发现，都是幻想……

第一次搭讪是去郑州出差，在北京西站等着检票的时候，我看到一个拎了两个行李箱的姑娘，看样子非常累。长得挺好看（可能只是当时觉得好看），我想搭讪。毕竟自己也是看了几十期约会学的视频，对于如何把妹也能说个一二三四。我边在脑海中构思怎么上去优雅地搭讪，边看着她，想着什么时候走上前去比较好。就这样，我看着她，她看着墙上的时钟，时间一分一秒地流逝，身边的人也变得越来越多。要知道，在一个非常嘈杂乱套的环境里搭讪妹子，妹子是非常容易没有安全感的。我心一狠，一咬牙，不能再拖了！于是咬紧牙关，心里默念：3、2、1，上！

一步上前，从后面拍了一下妹子的肩膀。妹子回头，仿佛世界都静止了，我盯着妹子水灵灵的大眼睛，突然不知道说什么了。除了看着她的大眼睛，脑袋飞速地检索着脑海中应该如何搭讪的相关章节，嘴中颤颤巍巍挤出来几个字，“我想认识你”。对！就是这5个字，连招呼都没打！

妹子竟然一脸懵逼，面无表情。我心里咯噔一下，一种不妙的感觉突然升起。尴尬的气氛开始蔓延。

怎么办？！

想能逗她笑的惯例！

“你头上是什么东西？”（剧本上写的是：妹子疑问道：“什么？”我说：“你头上是头发啊。”两个人相视一笑，开始接下来的话题……）

姑娘依然一脸懵逼看着我，像在看一个怪物，没说一句话。

“你头上是什么东西”我又问，心里急得都要骂娘了，这和我预想的效果不一样啊！

这次妹子看我的表情变了，终于不像是看一个怪物……而是把我推进了万丈深渊，用看傻瓜的眼光看了我一眼，然后转过了身去。

我也深知人家都这么拒绝我了，不应该再打扰人家了。就默默地退了回去。心脏怦怦地跳，手也不自觉地抖，感觉两腿发软。我知道，第一次搭讪就此失败。

但经过一年的锻炼，我不但可以轻松应对搭讪，甚至可以在搭讪之后及时邀约，甚至女生状态好的时候可以牵手。也悟出了搭讪成功的秘诀：搭讪的成功秘诀不是什么惯例话术，而是你是一个什么样的人，穿着、举止、谈吐，以及现场表现出来的状态。

萧秋水：这绘声绘色的，不愧是演讲设计……那你一边上学一边工作，时间上顾得过来吗？

一城：因为不做 PPT 的时候我有很多时间，所以一有多余时间，我就会出去搭讪约会，练习穿搭、研究设计等。本职工作需要加班肯定是以本职工作为主，兼职工作多会利用碎片化时间，比如吃饭、上班路上、上厕所等时间。

萧秋水：为什么选择了这样的兼职？是因为怎样的契机？

一城：公司老总说希望我以 PPT 设计师团队的身份独立出来，发展个人品牌，以后开启合作的模式。但是我觉得做一辈子 PPT 设计没什么出息，况且现在 PPT 设计师感觉自己做出来个人品牌比较困难。所以在 IP 群会诊让大家给我提意见，发现我可以靠颜值搞点事情，所以准备把自己积累了一年的穿衣经验拿出来试试。

萧秋水：一城有多高？

一城：183 厘米，体重 142 斤。

萧秋水：外形条件的确不错，可以在这个方面好好发展。现在收入怎样？

一城：兼职才开始，没有收入。

萧秋水：你觉得你拥有哪些核心技能？如何培养的？

一城：PPT。跟秋叶大叔学了两年的 PPT，给客户做过很多作品，主要还是靠观察模仿。

把妹：了解把妹理论，了解两性关系，大量搭讪约会实践。

穿搭：衣品这个东西和PPT一样，都是观察、总结，然后多试衣服试出来的，但试不一定买。

萧秋水：别怪我没提醒你，虽然需要大量搭讪，但不要滥情伤了妹子的心啊！

一城：教主提醒的是，我向秋叶大叔保证……尽量少犯错误。

萧秋水：你觉得普通人如何修炼才能成为斜杠青年？

一城：做一样像一样，在做好本职工作的基础上，再做其他东西，玩什么都要玩精，自然就有第二个标签了。

萧秋水：公布一下最常使用的工具？

一城：PPT：站酷、网易云课堂、微信公众号，这方面主要关注了幻方秋叶PPT、珞珈、旁门左道、曹将、大梦。

把妹：探探、微信、世纪佳缘、陌陌、MIX、VSCO、美图秀秀。

生活建设：Keep、美团（找好吃的、好玩的）。

穿搭：明星衣橱、微信公众号、TOPMEN男装网、杜绍斐、深夜发媸。

公众号：林一城

（微信号：linyicheng_once）

小万：
8 小时内外的她截然不同

小万，90 后萌妹子。

秋叶 PPT 团队核心成员，

帮秋叶大叔运营过微信，

管理过社群。

8 小时之内，她是某互联网公司的用户运营；

8 小时之外，她玩转 PPT 鼠绘、自媒体。

但最爱的还是下厨。

她是美食 O2O 平台“回家吃饭”的认证家厨。

是知乎美食专栏作者。

也在美食社区“下厨房”有着属于自己的一亩三分地，叫“小万管家”。

网名：小万
性别：女
标签：互联网运营 / 美食专栏作者
年龄层级：90 后
身份：斜杠青年

萧秋水按：我向小万约稿，小万说，直接写一篇文章给你吧，我说，好啊，那样还非常省事。

小万很快就完成了文章，而且在微信和邮箱里分别发了一份给我，说这样保险，也好让我选择自己适用的方式。我不禁赞了一声：“小万越来越专业了。”小万说被夸得有点不好意思了。

她的转变，包括现在的这个美食标签，都是让我很欣喜的，因为以前有过多次接触，眼看着她一步步成长。她在回家吃饭的这段经历，我也特别好奇。

好，现在看看小万的故事吧：

我是小万，本名黄万金，福建泉州人，1992 年的妹子一枚。

8 小时之内的身份是某知名互联网公司的用户运营，8 小时之外则是一个料理爱好者以及知乎美食专栏作者。

运营一个公众号，叫“小万管家”，写点工作生活感悟，也会分享与美食的点滴故事。

同时也在美食社区“下厨房”有着属于自己的一亩三分地，叫“小万管家”。

小时候家里便会培养我们做饭的能力，基本上在家我和妹妹都是轮流掌勺，完成家里五个人的饭菜。算下来，我也差不多做饭十几年了。在这个过程中，我也爱上了做饭，没事总爱钻研新的菜色。

工作后，平时周末在家最爱做的事，就是喊上室友，逛逛菜市场，买些好物，在家下厨聚餐。在我的投喂下，挑食王室友 C 君克服了对土豆、茄子等的嫌弃，体重与日俱增；瘦子室友 X 君终于成功增肥 2 斤……

就在某日和 C 君吃饭的时候，她说：“你做饭这么好，为啥不去‘回家吃饭’申请家厨试试呢？”这样可以让更多人尝到你的手艺呀，你也可以增加一份收入。

就这样，在 C 君的鼓励下，我注册了个账号“小万私厨”，申请成了“回家吃饭”的家厨，也开始了业余时间的家厨之旅。

还记得正式开店那天，接了 3 个单，总共 7 个菜。接单的时候没想那么多，觉得平常朋友聚会也是自己掌勺，这几个菜是可以 hold 得住的。而前期和工作人员沟通时，被告知一般需要提前半小时呼叫送餐员，然后送餐员上门取餐，送给客人。

就这样提前一个小时我开工了，也按照工作人员的嘱咐半小时后点了“送餐”选项，那时候我才做了 4 个菜。点了“送餐”以后，送餐员几分钟后就来了，我一下子蒙了，才知道原来是在做好饭后才能呼叫“送餐员”，因为为了保证送餐速度，他们都是上门即取即走的。

后来眼看着时间紧急，送餐员便在一旁帮忙。他负责帮我先装饭，填写外卖单，我快速炒菜。

15 分钟后菜总算是做好了，着急的我，手指头还被锋利的饭盒划伤了。不过最后总算是顺利地把所有的单子送出去了。

这一次的经历让我体会到了做餐饮业的不容易，完全是体力活。经历了开店日的手忙脚乱，我复盘了当日的情况。

1. 我上架的菜品都不是快手菜，烹饪很耗时。假如接单量较大，对体力是较大的消耗。于是后来我调整了菜品，上线的都是快手菜，就保证了快速出品。

2. 没有做好饭就呼叫送餐员。应当吸取教训，完成所有菜品，再呼叫送餐员。

3. 餐具和快递单没有提前填写好。虽然这两块耗费的时间不多，但在当时时间紧急的情况下，只会让现场更加慌乱。所以应当提前准备好这些东西。

4. 当平台的规则自己了解不够清楚的时候，没有主动进一步问清。所以，后来一旦我有不懂的地方，就会立刻咨询工作人员，保证自己清楚每一个流程。

“回家吃饭”7 月收入

所以当我第二次开店的时候，一切就游刃有余了。这样下来，7 月份只是开店 5 次，收入就达 700 多元了。

考虑到做家厨耗费的时间较多，所以我一般是在周末有空的时候才会开店。这样就比较好地平衡主业和副业了。

曾经有个朋友问我是如何修炼的厨艺这项技能，其实说到底，无论哪项技能，都需要下功夫去练习。

我每天都会花点时间逛逛“下厨

房”（强烈推荐，我最常用的 APP），看看其他人做的菜，一方面是扩大自己脑中的菜谱，另一方面是看其他人如何拍摄自己的菜品，在这个过程中培养自己的审美。

刚好我平时也喜欢拍照，就会模仿自己看到的摆盘和成品拍摄好看的作品，并在这个过程中不断迭代，形成自己的风格。

那么，看了这么多别人的菜品，还需要自己不断练习。做菜多了，自然能够找到做菜的感觉，越做越好。

我在练习菜谱的时候，也不会照搬，而是主动去想，是否有可以改良的地方。比如香蕉紫薯卷这道菜，就是我对网上菜谱进行改良后的成品，大受好评。

最近流行“斜杠青年”这个概念，很多人都喜欢在业余时间做各种事来增加自己“斜杠”的名头。也有一些朋友会问如何才能成为“斜杠青年”。

在这里，小万有几点不成熟的小建议：先从自己感兴趣的东西入手，想想自己的技能是否能够帮到其他人，同时也要专心修炼技能到一定的水平，这样才有机会变现，获取收入。

斜杠青年，并不是不务正业，而是发挥自己的特长，在帮助他人的同时获得一定回报。所以，成为斜杠青年，你准备好了吗？

公众号：小万管家

（微信号：xiaowan_ppt）

夏日清爽凉面

煎鲷鱼排佐蓝莓酱汁

香蕉紫薯卷

KK 花花：
安稳不适合我，就喜欢瞎折腾

网名：KK 花花
性别：女
标签：英语学习
年龄层级：80 后
身份：自由职业者

多年前只会哑巴英语，研究了市面上所有的学习方法都坚持不了，后来她琢磨了一套“花式懒人法”，用 3 个月的时间就突破了口语，获得了可以和老外谈笑风生的工作岗位。

两年前她还是高校的普通员工，现在是一名自由职业者。在过去的两年中，她是最早的自学打卡模式探索者之一，用社群运营的方式带领 600 多名学员实现了英语的突破，在英语培训的红海中找到了自己的发展方向。

她也曾经迷茫找不到出路，又不甘心就

此过一生，她尝试过开店、组织英语角、学摄影等。现在她通过计划和行动，把自己的兴趣爱好变成了事业，把以前不敢想不敢做的事情变成了现实，让未来充满无限可能。

她现在是KK英语创始人，最懂学员心理的英语老师。

KK花花的微博和微信公众号名字都是“KK英语大爆炸”，看上去一派阳刚的样子，不过，她本人其实非常柔美，一点也不“炸”，她自称是“最懂你的英语老师”，倒也不是太过分，她的学员普遍反映，花花非常非常有耐心，除了公用的英语学习方法外，还会根据每位学员的情况给出不同的教学方法。

比如对以“污”出名的蔬菜，花花建议说，可以看英文原版的言情小说，估计蔬菜要是脸皮薄点，就要脸红了。

萧秋水：毕业后做过什么工作?

花花：刚毕业时，在公司做过笔译，之后一直在高校做行政工作。

萧秋水：那是怎么走上自由职业这条路的呢?

花花：不知道别人有没有和我一样的感受，以前总觉得自己想努力上进又发不了力，怎么努力都觉得很拧巴，比如，我对写论文和办公室行政事情很头大，经常气馁、自我否定，为什么不能脚踏实地好好上班呢，同时又容易活在别人的眼光里，“安安稳稳地工作好嫁人”“年纪一大把就别折腾了”，加上那么多假期，其实也是不错的，但我知道自己并不甘心，后来我知道并不是自己不努力，而是没有选好方向，属于瞎折腾。

萧秋水：所以就诱发了你改变？

花花：嗯，我后来的改变来自以下 3 个方面。

1. 关注自我：当我不再以别人的眼光、年龄和世俗的成功作为评判标准后，顿觉浑身轻松，我不再因为大龄单身而自卑，不再留恋外在的舒适感，而是开始全身心专注自我的提升，让自己开心充实起来。

2. 少想多做：很多事情和纠结其实是因为想多了，总是想方方面面都到位了再去行动，万无一失。这样的结局是我什么都不敢做，2015 年初我决定要改变这个现状，用行动代替思考，十分钟内就做决定并做下一步行动，效果好得惊人。我在寻找自己真正感兴趣、擅长的、市场有需求的三个角度不断努力，现在自学小组的模式正是当时看了一个微信群，由马甲线打卡模式带来的灵感，十分钟之内就打电话给了一直跟我学英语的大徒弟小兰，三天就建了群，然后不断试错迭代到现在，也终于体会到了世界上真的有可以全情投入而不感到累的工作。

3. 敢于设想：即使在最迷茫的时候我都没有放弃过探索未来更好的可能性，2013 年初我在手册上写了一个 5 年计划（2013~2017 年），当时壮胆写的东西其实并不相信自己可以做到，现在回头看居然发现大部分都实现了！比如，我减肥成功了；重新读了个学位；设计了自己的英语手册（《口语魔法手册》）；我开了微店（以前设想是开淘宝）；我真的做了培训（当时写的是培训名师）；开了公众号（当时写的是定期推送英语知识的软件）。现在距离5年计划还有一年半时间，我仔细查看现阶段要做的事情，居然和5年计划中未完成的内容一模一样！设定目标的达成会让自己对未来更有安全感和信心，所以敢于设想并去实践，可以给自己积极的心理暗示和强大的勇气面对未来的各种不确定性。我在路上，但是我不畏惧。

萧秋水：所以后来就选择了做自由职业者?

花花：是的，兼职试水培训后形势一路大好，自己精神面貌焕然一新，而主职工作换岗位后特别忙碌，内心压抑也到了一个上限，最终良好的市场前景和自身良好的状态让我下定了决心。

萧秋水：做了多长时间自由职业者?

花花：半年多吧。

萧秋水：那是怎么寻找到客户的呢?

花花：最开始的时候，客户来自之前在一些社群认识的爱学习的小伙伴以及微博上的一些粉丝，那时候我并没有意识到自己也有粉丝，低估了自己的潜力。

到了后来，靠老学员的口碑续费和介绍其他小伙伴加入，课程质量直接和续费率挂钩。

现在的收入主要是老学员续费，再加上适当地网络营销，还有平台合作的模式。

未来准备在多个平台发布，扩大用户基数，并且同一内容用不同方式进行发布，比如图文课程、音频课程、写书，还有周边工具。教主的喜马拉雅课程卖得那么好，让我也提起了信心。

萧秋水：这是多亏大家支持啊！我注意到你的英语手册特别漂亮，是找人设计的吗？

花花：不是，是我自己设计的，我觉得按照自己的想法，把它们变成实物，也是很大的乐趣，而且今年我又做了改进，看看这个版本是不是更漂亮？

萧秋水：哇，好美啊！简直想集齐这一套，那个银色的特别漂亮。没想到花花还有这样的设计才能啊！那你觉得自己的核心技能是什么？

花花：我的核心技能是接地气、很好操作的英语学习方法论，并

对学员超级有耐心，有感染力。自身定位为终身学习者，和大家一起进步，不光是语言本身，还要通过英语以点带面让生活进入正循环。

萧秋水：对于收支情况是否满意？

花花：目前收入和能力是匹配的，心态上表示满意，但要对自己要求更高，继续提升自身能力、产品质量和营销渠道后会有持续上升的空间。

萧秋水：主要收入来源是什么？

花花：主要收入是开班的培训费用，开班就是微信群的成人英语在线培训，专治学渣，分为“21天打怪兽口语小分队”和“阅读小分队”，每一期滚动进行，目前进行了18期。

来源比较单一，还处于前期积累阶段，这个急不来，先单点突破。

萧秋水：做了半年的自由职业者，你觉得做自由职业者的好处是什么？

花花：首先，不会因为年龄、资质等卡在传统的职场晋升之路上；其次，是不用从事自己不喜欢、不擅长的被硬性指派的岗位和工作；最后，我最喜欢的是，时间调配灵活，每天不用把时间浪费在上下班上。当然啦，这些都只是具体的表现，对我来说可以全身心投入到自己喜欢的事情上，虽然身体上很累，但是很开心，能获得前所未有的成就感，也会极大发挥自身的潜能和责任感，因为给自己打工，无法敷衍和懒惰。

萧秋水：那你认为做自由职业者的坏处是什么？

花花：我觉得主要是有五点吧：

1. 没有单位和公司的平台靠山，凡事要亲力亲为，生活成本各方面都会增加；

2. 没有了正常上下班时间，更需要自律，并合理安排生活节奏，时间上的灵活意味着可能 24 小时都需要工作，可能全年无休，工作和生活没法完全分开；

3. 如果不主动出去社交，圈子会小很多；

4. 需要强大的内心应对各种不确定性和挑战，比如客户很少操心钱，而是多操心时间和能力；

5. 一些地区和家庭的小伙伴需要面对家庭和朋友的压力，特别是刚起步进展不顺利的时候，这点我还好，一路都受到大家的帮助和鼓励。

萧秋水：打算做多久的自由职业者？

花花：给自己 2 年时间，看具体发展情况，目标是做企业主。

萧秋水：有没有对自由职业者们想说的话？

花花：1. 要有一技之长和一定的客户基础，让生活得到基本保障是底线，可以先兼职试水；

2. 高度重视储备各类资源，弥补平台不足带来的不便；

3. 提前做好财务计划、发展计划并严格执行；

4. 主动选择的结果，而不是把自由职业作为逃避现状的出口；

5. 注意把握生活和工作的平衡节奏；

6. 自由意味着更大的自律，做好时间和精力管理。

萧秋水：最常使用的工具有哪些？

花花：1. 文档处理：Office 系列软件。

2. 日程安排：滴答清单。

3. 资料整理：印象和有道云笔记。

4. 财务管理：支付宝、随手记。

5. 在线协作：石墨文档，可以和助手一起编辑文档。

6. 工作社交：微信（学员群管理，社交联系，推广）、微博。

7. 店铺管理：微店（英语周边工具）。

8. 自我提升：欧路词典、得到、在行、喜马拉雅、Keep。

第四章
竞争

引言

一位优步司机告诉我的人生道理：我并不想赚更多钱

从广州东到罗湖火车站，刚出站就叫了辆优步，这是我最惯用的乘车方式。

上车后，对司机说了目的地，然后我问：“你认识路吗？”因为看他没开导航的意思。

司机说：“认识路。大北门还是小北门？”

我立刻惊讶了，这话很内行啊，我们小区有两个北门，很多司机都会弄错。

他的样子并不像专职司机。我就问他是不是在那一带住过。他说没有，就是认识路，路很好记的。

“好记？你是怎么记路的？”

“联想啊！路是死的，人的脑子是活的，不能死记硬背的。”

他指着一栋楼告诉我：“你看这家酒店，不用记住名字，只需要记着这条路上这个位置，有家酒店，然后要记周边的环境。”又指着旁边的地铁站，说，“这家酒店在老街站的出口，你可能想不起来，但是回忆周围的环境，就能够想起来了。”

我当然懂，这是的联想记忆法。然后我问：

“你怎么会这套办法的？你是做什么工作的？”

他答：“画图纸的。”

这就对了嘛！我继续追问：

“画什么图纸？”

“建筑图纸。”

“什么建筑？是装修吗？”

“对。我搞独立设计，接活不多的时候，就出来开开车。”

“哦，原来是独立设计师。”然后我问，“那你能接多少活？能养活自己吗？”

他说：“还好啦！都是朋友介绍的。其实我也是半路出家。就是对设计感兴趣，于是就学喽！”

“哦，那是一边工作一边学，学了多久？”

“8 年。”

我狐疑地看看他问：“你多大了？”——感觉自己很像查户口的。

他倒也不以为意，很坦诚的一个人，说：“32 岁。”

我开始做算术："32 岁……8 年……那就是说，一毕业就开始学图纸设计？"

"没有啦，我工作好多年了！"

"多少年？反正不可能 32 年！"

他哈哈笑了："我 17 岁就出来了。"

"在哪儿？干什么工作？"

"我高中毕业，17 岁就出门当兵，做武警两年，然后到叔叔的建材公司工作。"

原来是家族企业。"你叔叔发工资给你吗？"

"发！出来的时候还给了 40 万！是亲叔叔，我爸爸的亲兄弟。我叔叔说，跟着叔叔干，有工资拿，但怎么着也是给叔叔打工，叔叔能耐不够，又做不了上市，给你本钱，自己去创业也好，买房也好，是叔叔帮你的。"

真是中国好叔叔！倒不是说给钱这回事，而是叔叔有胸襟，想着侄子的前程，让侄子独立。

他说："我在叔叔公司，觉得很有意思，自家的事，当然会用心做，后来喜欢画图纸，就跟着别人学，慢慢地学，不会就多问人，比如，一条线今天不会，多练，明天就会了。就这么慢慢地学下来，先给朋友帮忙，朋友又介绍朋友。"

我热心发作，告诉他："你知不知道有种网站，是可以在上面注册，登记上你的资料，把你的作品放上去，就会有更多的人来找你！”

他笑笑：“我知道，不过我不想赚那么多钱啊！有朋友介绍的就够了。”

我很惊奇：“你有很多朋友？接了很多活？”

他说：“还好啦。我妈妈从小就教育我们，先做人，后做事，再赚钱。就算赚再多钱，一个人要是连可信任的朋友都没有，那做人还有什么意思呢？”

我又惊奇了：“你哪里人？”

他说：“潮州人。”

“噢，怪不得！”

“是啊，我们潮州人都讲究自力更生，很自强的。”

“那你已经赚了很多钱？你结婚了吗？”

“也没赚很多，但觉得也够了。结婚了。”

“有小孩子了吗？”

“有了。就是觉得小孩子将来教育会花些钱，不过觉得生活已经很不错了。”

好知足的样子！是不是不求上进呢？

“那你后来有没有再上学？”

“有的，在学设计，已经拿到了中级设计证，我也考了中级技师。”

中级技师？不懂。不过听上去很上进的样子。

我扳着指头算了算："结了婚，有孩子，买了房，有车……"的确，这日子算是不错了。

他说："从小，我妈妈教育我们做人要踏实，不要老是和别人比。全世界只有一个李嘉诚，只有一个马云，只有一个马化腾，我就做好自己就行，能力跟不上，就不要有太多想法。我今天赚 10 块钱，明天努力一点，赚 11 块，这样不断比过去强，就好啦！赚这 1 块钱，我也要动脑筋啊，要多想啊，人很多时候就是得换个角度想问题。你是不知道我们做设计的人，一般别人交活给我们，时间很赶的，比如一个图纸三四天就要出来，那我就要赶工，如果我接的活多了，就没时间陪小孩子。现在这样，自己能应付得来，活多了再找两个兼职的助手帮忙，可以多陪陪家里人。"

听上去很励志啊！人们总是渴望获得更多，却又不想下功夫，一个愿意花 8 年时间学习图纸设计，然后成为独立设计师，又满足于自己的小日子的年轻人，这么踏实、不浮躁，还真是少见。

他说："坚持就是了，一个人只要努力，总可以出头的，得埋下头去，坚持住。"

我当然还有问题："你喜欢看书吗？"

"喜欢。"

"看什么书？"我一边问，一边想，估计他会回答成功学之类的吧。

不过，他回答的是："我喜欢读历史，像《三国志》《世界史》这样的。”

我平常乘车，都是到北门就下，不过因为要听他讲话，所以一直请他送到里面，而且，在龙珠大道的路口，我也故意没有提醒，看他是否会因为讲话而影响了反应，做出错误的判断，但是他没有，他一边说话，一边拐弯、进门、拿车卡，没出一点错。

从罗湖到南山的这段路程，不算短，和司机的这一席话，的确让我受益良多，感觉值了。过程中我的问话比较直接，后来也向他解释，这样可能比较失礼，不过是对他的经历很好奇，所以唐突之处，也请他谅解，他笑笑说没关系。从他的描述中，感觉他的妈妈、叔叔都是很棒的人，给了他很好的教育和影响，而他自己，说到对小孩子的教育，也说会给孩子好的环境和陪伴，会爱，但是不会宠，不会娇纵。在他的身上，事实上体现并传承了潮州家风，感觉我有必要抽空再到潮州去走走，深入探究一下。

所以，我也从不相信“这个社会是浮躁的”，也许很多人如此，但总有人愿意踏实，懂得知足，他们让我看到希望以及力量。

如何开启你的斜杠 / 自由工作之路

选择适合的办公环境和工具

咖啡馆是很多自由职业者喜欢的地方，尤其是比较幽静的咖啡馆，闻着咖啡香，也不发愁上网问题。饿了，就午餐晚餐都在咖啡馆里解决；困了累了，可以在舒适的座位上休息一下。待上一整天都没问题。

台湾知名作家唐诺，有个众所周知的习惯：每天早上 9 点会到咖啡馆“上班”。他认为，写作要有意志力去对抗，而在家里，意志力比较弱。他在咖啡馆写作已有十几年，那里有香气扑鼻的咖啡和美味的早餐，还有开水和良好的服务，不仅空间开阔还有冷气供应。腾讯文化有次采访唐诺，也是在台北的咖啡馆里。而唐诺的夫人，同为作家的朱天心有时会去咖啡馆报到，后面还跟着他们的女儿——《刺客聂隐娘》的编剧谢海盟。

当然，咖啡馆并不是唯一的选择，既然自由职业者是自由的，那么在很多地方都可以办公。有次我骑着单车去深圳的欢乐海岸，随身带着笔记本，中间接到一个电话需要一个资料，而手机里又没有，于是就在一个空地停下来，从笔记本里找出资料，然后通过手机热点连上网，把资料发出去，然后继续骑着单车逍遥。

能做到这样移动办公，也是有秘诀的。我把自己常用的资料都存放在 QQ 邮箱的附件收藏里，有些别人需要的资料如果凑巧在内，就可以直接发送，所以很多时候，即使是在路上，也一样可以处理工作。而且这种碎片化的方式，很快速地做好，并不需要耗费太长时间，也不需要一定回到电脑前。

有些自由工作者在家工作时容易分心，因此会到邻近的共用工作空间工作，这样可以避免工作效率低落。比如上海的 Linckia 海星客共享办公空间，提供适合自由职业者的各种服务。

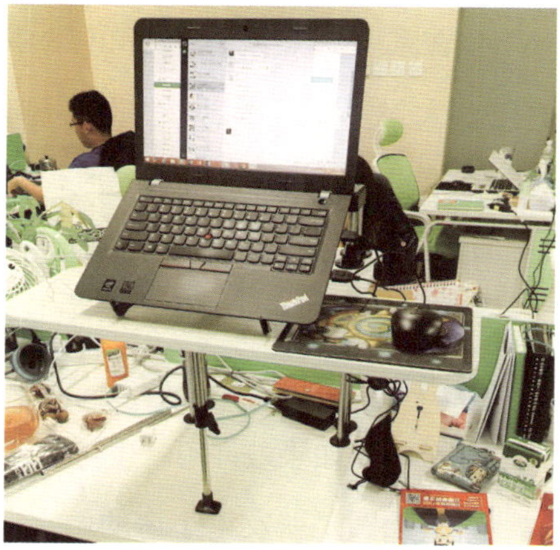

办公空间：

水、电、宽带、Wi-Fi、文印一体机；

有清洁阿姨，一天打扫

两次；

有前台，有各种不同大小的会议室；

还有想用就用的小黑屋，可以锁上门，在里面偶尔独处一下，非常安静。

另外还有公司商务服务：

工商注册、人力资源、财税管理、法律咨询、品牌宣传、IT 咨询、设计、投融资等。

一个自由职业者，只需要带上电脑过去工作就好了。

当然也有习惯于在家办公的 SOHO 族，怎么舒服怎么来，按自己的习惯就好了。有人必须要穿得很舒服效率才高，有人则是在家里也穿得很职业，说这样有氛围。基于氛围和效率考虑，可以重新布置一下自己的家居 / 办公环境，比如，用明快色调的装饰、注意开窗换气等，使心情轻松快乐。

我在家里安装了投影仪和电动幕布，桌子上除了笔记本以外，还有一台大显示器，可以双屏显示，还有各种支架摆放投影仪、iPad 等，把家里布置得既是温馨家居，又是办公场所。

为了健康起见，建议自由职业者可以考虑适度使用站立办公方式，毕竟久坐不利于健康。对于非全职状态的 SOHO 一族来说，不需要考虑办公室里的形象问题，那就可以“为所欲为”了。当然，即使是在单位，如果被许可，也可以这样做。

右页上图是朋友绘小斑的站立办公台，下图是我的临时工作台，

一张笔记本折叠小木桌，可以放在桌上，正符合站起来的高度。

这张木桌还被我放在卧室衣柜的抽屉上充当临时工作台，因为有时候需要录制喜马拉雅的音频课程，在客厅里可能会录到外面的噪音，所以就在卧室里，关好门窗，拉好窗帘，尽量隔音，然后把折叠木桌放上去，便于笔记本操作。

这样做的好处就是灵活移动。对于 SOHO 族来说，充满创意的办公方式也是一大乐趣。

黄昏时分，在鲜花盛开的阳台上码字，也是相当惬意的啊！

白板墙贴

虽然 SOHO 族不需要开会，不过有时候也需要写写画画，如果在家里放上一个白板，平常用不到，也挺占地方。这时候，我们就可以从淘宝上寻找一种白板墙贴，贴在墙上以后，墙面就变成了白板，写完了也可以擦掉重写，非常方便。

（彭小六的机械键盘）

对于自由职业者来说，得力的工具也是效能的保障，比如对于文字工作者来说，必须有个合适的键盘，我和彭小六用的都是 Cherry，打起字来手感的确不错。

如果外出旅行较多，可以选择折叠键盘，这种键盘也可以用于平板和手机。

另外，对于 SOHO 族来说，家里可能需要配备一台打印机，虽然现在打印店到处都是，但如果对打印的用量大，还是自备为好。剽悍一只猫的富士打印机已经用了好几年，感觉非常方便，不过耗材有点贵，但综合计算下来，用量大的话，还是比在外面打印要便宜。

我自己用的则是一台比较卡通的 QQ 打印机。

其实，移动办公还可以更简单些。

彭小六随身携带一块三星的移动硬盘，非常小巧，重要的文件都存在里面，只要有电脑的地方，插上就可以办公，所以很多时候，连电脑都不用带。

（图片来源于网络）

运用各种渠道进行推广

当创建好你的服务包之后，是时候把它分享给全世界了。这个时候，如果有新媒体平台的话，就可以发挥威力了。

很多人会在日常生活中忽略社交媒体和人脉的建设，需要用到的时候就发现资源匮乏。所以，平常还是需要多做建设，关键时刻就可以派上用场。

我的喜马拉雅知识管理音频课程推出一个月，总销售额达到 40 多万元，这里面固然有我自己的力量（通过微博、微信公众号、豆瓣、朋友圈等广泛宣传），而更重要的还是朋友们和社群的力量，比如，通过知识型 IP 群链接上的 BM 社群、结构思考力社群等，还有赛美的团队、鹏程学院，还有剽悍一只猫等各位朋友通过公众号、朋友圈的宣传，形成了强大的合力，实现可喜的销售。

对于自由职业者来说，营销能力是非常重要的，全职工作时期，可能每个人只需要担负一小块职能，但是成为自由职业者，就意味着一个人要担当 CEO、财务管理、营销管理、采购、后勤等各项事务，尤其是营销推广能力，这个特别重要，它决定了收入的来源。

在这里还需要纠正一个错误的认识，有些新的事物，在刚刚出现的时候是比较弱的，因为还没进入大众视野。大多数人会觉得，如果入驻或使用这些新事物，还需要帮它们推广，于是就不情愿。其实，要看到自己是最大的受益者，不要害怕帮平台做宣传。

记得当初入驻在行后，我就写了好几篇文章把在行介绍给我的粉丝，当时我的确觉得这种快速找到想请教的专家的模式不错，所以我的推广并不只是为了让粉丝来约见我，虽然客观上是起到了这层作用。不少粉丝后来都告诉我，他们以前想要请教高人但是不得其门而入，通过我的介绍知道了这种方式，约见了专家，为自己指明了道路，感觉成长的路径缩短了。

事实上，我和剽悍一只猫也是通过在行认识的，而且他还是我第一位远程约见的学员，当时我还心存疑虑，觉得彼此之间从不了解，会不会效果不好，而剽悍一只猫没有任何顾虑。后来他告诉我，在过程中做了不少笔记，感觉大有收获，我也就放心了。

学会合理定价

定价是一门艺术，如果你不能确定自己的服务值多少钱，就先看一下市场上同类服务、和你水平相当的人的报价是多少。有时候，在公开信息里很容易查到，比如在行网站上就有行家的明码标价。

一个比较好的做法是，一开始价格定得低点，并慢慢增加。比如，在在行成为行家后，最开始的价格，可以定得低一点，等接单过一定数量就提升价格，或者是新开话题，拉开价格差距，通过这种方式，也可以试探出市场的反应。

当然，这个办法并不适用于企业客户。面向企业客户的报价，通常是要先报高一点，留出讨价还价的空间，如果开始就报得较低，那么价格落下来会比较吃亏。

自由职业者有时候也需要和一些机构合作，由机构面向客户报价，自由职业者领取自己的酬劳，一般来说，这种合作机构很少会主动提出涨价，对于自由职业者来说，如果认为自己的能力提升，报价也应该有所增长，可以先和合作机构谈判，如果双方无法谈拢，可以再找新的合作机构，这就类似于员工跳槽，通常跳槽后的薪资要比原来高很多。运用这种方法，自由职业者可以不在价格方面太吃亏。

如果自由职业者经常自己面对企业客户，那么，谈判能力是必须掌握的。

我看过一个段子：

昨天接待一个顾客，聊着聊着，顾客说："其他家的网站，价格只有你们一半。"我看了她一眼，笑而不语。然后拿出我的 iPhone 6 Plus 土豪金，打开后盖，吹了吹里面的灰，再装上电池和后盖，说："见笑了！"这是在淘宝买的，价格只要 599 元，双卡双待，还带跑马灯！顾客笑了笑说："咱们接着聊！"

这个做法也是相当机智啊！

学会要账

一般来说，很多人是不太擅长谈钱的，尤其是遭遇欠钱的时候。

我的朋友尹小龙，是沙画艺术家，经常会接到一些现场绘制沙画的订单，有次，遇到了赖账的企业方，拖了两年多都不付钱。尹小龙没办法，只好发微博声讨，也有不少朋友参与转发，但即使如此，对方企业都还是继续耍赖。

有一次，秋叶应邀参加一个线上分享，本来以为是公益分享，过程中才知道其实还有一个付费通道，秋叶对此很不满意，感觉受到欺骗。于是，询问主办方怎么回事，主办方这才告诉秋叶有两种参与方式，其中一种是付费。并说这是实习生做的，然后给了秋叶一部分酬劳。

因为秋叶的这次抗议，以后这个平台再找人分享的时候，就不好再瞒骗，如果是收费分享，也会付酬给分享嘉宾，这倒也算是秋叶做的一个贡献吧。

后来，我们在知识型 IP 群里达成一个共识：如果大家遇到赖账、不够诚信的平台，就彼此在群里知会一下，这样也避免不知情的人上当受骗，这也类似于一个黑名单。

遇到赖账的客户，有些自由职业者考虑到精力问题，如果金额不是很大，也就放弃了，自己吃哑巴亏。不过，即使收不回钱来，我也赞同尹小龙那样做：至少要让这样的企业曝光，让更多人知道，这样，当别人在和这家企业打交道的时候，至少可以多留心一些。

自由职业者同样也需要做好客户关系管理，对于客户的表现需要做一下记录，有些记录不良的企业，就不要再合作了。

要自由，先自律

良好的作息习惯是高效的保障

很多人认为，自由职业者可以完全按照自己的意愿安排生活，这看起来是正确的，但是，必须要有很强的自制力才能完成。很多自由职业者往往在失去环境约束后，做不到自我约束，比如从朝九晚五的规律生活进入生物钟紊乱的自由生涯，每天的作息不规律、饮食不规律，这对自己的精神和身体都是很大的损伤。

要想获得并长期拥有自由，背后需要有强大的自律，包括抵制外界的诱惑。比如，在正常上班的情况下，考虑到次日要早起，你可能不敢太晚睡觉，但如果想到反正是自由职业了，大不了第二天补觉，于是肆无忌惮地睡晚。这个习惯一旦养成，就会形成很大麻烦。

我成为自由职业者后，基本上是按正常时间作息，偶尔有晚归、晚睡，但不是常规。而且晚归一定是有特殊原因，三年间也就一两次，通常都是因为外地朋友来深圳，机缘难得，所以破例，但破例不等于形成惯例。剽悍一只猫的作息不太一样，因为他通常都是在零点更新图文，所以是晚睡晚起型，只要睡眠时长得到保障，这样也未尝不可。

规律作息需要很强的意志力，有些人的意志力本来就薄弱，也未必能够成功挑战自己，所以需要三思。

我曾遇到过一位女士，说是在家自由职业了半年，发现情况不妙，无法管住自己，于是赶紧找了份全职工作，恢复了朝九晚五的职业生涯。

就算是自由职业者，最好也给自己规定好工作时间和生活时间，不要全天候地工作，也要在舒适的时间“下班”，然后从工作状态转入到生活状态。有家庭的自由职业者更是这样，如果全天候工作，没有时间陪家人，那可能就违背了当初想要成为自由职业者的初衷了。

整理师袁春楠在成为自由职业者之初，就先给自己列出了详尽的计划：

	每天	每周	每月	每年
学习	日计划	周计划	月计划	年计划
	微博	周总结	月总结	年总结
	日记	toastmaster		100 本：读书
	英语朗诵			60 部：电影
生活	在家健身	每周一菜	给家人生活费	马拉松比赛
	外出跑步	健身卡用掉 剩余 35 次		101 目标
	做面膜	精油按摩		旅行
工作	理财书籍阅读	授课	财务规划	财务规划
	抽奖	博文发布一篇学习类	财务总结	财务规划
	写作	博文发布一篇做菜类		外省开课
	比赛	更新财务状况		
	备课			

成为自由职业者之后，她严格按照这个计划进行，她说："如今 1 个季度了，我也是这么做过来的，我觉得这样的生活很适合我，不仅丰富多彩，还逐步确立了独自工作时的习惯与节奏。我很开心。"

健康和营养提供精力基础

自由职业者最忌的事情就是生物钟颠倒：白天睡到日上三竿，然后起来工作，到了晚上，来了精神，于是熬夜进行，累了再睡，然后又是日上三竿，如此周而复始，陷入恶性循环。

即使是自由职业的状态，也需要保持规律的生活：按时起床，按时入睡，最好是早睡早起，保持充足的睡眠；一日三餐，规律进行，保证足够的营养。同时，也要避免长期伏案劳作，造成身体损伤，最好养成健身和运动的习惯。

如果住处附近有健身房，那是再好不过，健身房除了提供很全的器材、广阔的场地，还有能够提供科学指导的私人教练。剽悍一只猫就是采取这样的做法。

如果附近没有健身房，也不想跑太远的路花太长时间去练习，那么，在家里也是可以简易健身的，可以网购一套适合自己的健身器材，设定一套动作，每天进行练习，尤其是久坐之后，可以用运动的

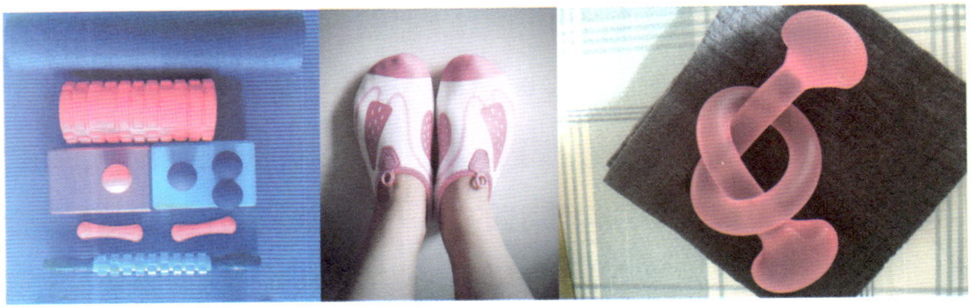

方式进行休息，这也是更能发挥自由职业的好处——的确属于上班族所不易拥有的福利。

我在自己家里备有瑜伽垫，平常就放在客厅里。写书写累了，就到瑜伽垫上活动一下，或者直接拿起一个器材来做运动，这样既缓解了疲劳，也锻炼了身体。

日常的着装是运动服，穿软底鞋，一来舒服，二来也方便，累了想要运动时，可以直接进行。如果是穿家居服和拖鞋，就有可能显得拖沓，而且做一些动作时，有可能把拖鞋甩出去。万一甩出阳台，那多不好，砸到路边的花花草草，是很不道德的事情……

在器材方面，也都以方便为主，比如硅胶拉力绳，出差的时候都可以携带，毕竟运动养成习惯以后，不应该因为出门而改变。

如何避免心理问题

别以为自由就是纯粹的好事，虽然自由职业者正逐渐从保守观念中的“不务正业者”转变为令人羡慕的“不受束缚者”。但他们也出现了一些新的问题，大多是心理问题，比如，患上自由综合征。

可能会有人感到不解，自由还会有综合征？

从心理角度分析，所谓“自由综合征”的形成，和自由职业者的工作特点有相当大的关系。作为自由职业一族，除了自己，没有人会对你的工作指手画脚，自我管理能力成了自由职业者唯一的约束力。就算你一觉睡到下午两点，也没人会扣你工资。

但是，这并不意味着没有压力。

在自由职业者的心理问题中，生活压力无疑是最大的问题，也是最现实的问题。近一点的压力是这个月能否赚到糊口的钱，远一点则要考虑今后的财源是否稳定可靠，等等。即便是目前小有成就的人也会时常担心，如果自己某一天生了大病怎么办？自由职业者的养老保险、医疗保险要自己买，生活的压力到一定程度就成了重负。自由职业者当初在选择这条路时自然充满信心，认为凭自己的才能，不愁没有出头之日，但自由了也就失去了稳定、有依靠的感觉。

已婚的男性自由职业者，如果收入减少甚至没有，持续一段时间后，心理压力可能会加大，即使伴侣不说什么，自尊心较强的话，心里也会比较难受。

对于自由职业者，做好自我管理、安排好时间的能力非常重要。从这个角度说，自由职业者比普通上班族更需要懂得科学、健康的生活方式。

如果遇到心理问题，怎么应对呢？

自由职业者难免遇到不愉快的情绪，当这些情绪发生的时候，要多做一些和心灵成长相关的事，如，将自己投入到音乐、舞蹈、绘画、雕刻等艺术中，让自己沉浸在美好的体验里，不良情绪就会慢慢远离你。此外，还可以多看一些积极的书籍。

需要注意的是，如果不是专业人士，最好不要过多地看谈论病症的书，否则容易对号入座。很多朋友进行自我心理调节时，往往因为看了太多关于病症的讨论，认为自己得了心理疾病，从而造成情绪排解不开，最后不得不去就医。一个人不应该关心病症，而应该关心如何前进。催眠学上说，关心正向的东西，它就带来正向的结果，关心负向的东西，就容易带来负向的结果。如果你关心快乐，关心欢笑的成长，那么健康就在那里了。

选择 SOHO 的人，一定要首先确定自己自由职业发展的前景。一旦真正开始 SOHO 生活，要放低心态，不要急于求成，多多自我激励。

培养对生活的热爱，让自己成为有明确生活目标的人。如果是比较懒散、生活不太积极的人，一旦少了单位领导、同事的监管，有了太多的自由，就容易不知所措，容易把时间消耗在不必要的犹豫中，比如，该早起还是多睡一会儿；马上完成工作，还是等到晚上去处理……这样容易导致工作效率低下，造成后边工作压力陡然增大等。

像管理公司一样管理你自己

如何科学地理财

理财专家赛美认为，自由职业者的财富特征是：

1. 借助互联网或热点，可以迅速积累广泛的粉丝，并有变现渠道。可能由于一次事件的“爆红”，就会带来巨大的广告红利。

2. 兴衰更替非常快，持续的“创富计划”通常是三年，很多不到五年就容易出现财务危机，要做“常青树”非常具有挑战性（因人而异，视领域和产品设计）。

3. 收入不固定，开销也比较随意，资金使用相对有些混乱。极有可能因“赚得多、花得多、花得快”，导致当收入出现不稳定时，容易影响生活品质，情绪不稳定。

4. 资产结构失衡，大多资金集中在股权、股票、房产等金融工具上，没有持续优化的财富管理计划。

5. 熬夜多、差旅多、工作强度大，健康隐患非常多，但缺乏有效的风险对冲规划。

6. 因走在财富快速积累的轨道上，或是已经积累了巨额财富，他们在功成名就之时，往往会意气风发，他们不是不相信意外，而是过于相信自己创造的财富可以让自己高枕无忧，度过一切劫难。

人一生所创造的财富，有赖于两类资产：一是人力资产的持续增值；二是金融资产的稳健增值。在创富过程中，请先保护好自己，即做好健康关爱保障计划，转嫁风险，让财富不再“裸奔”。

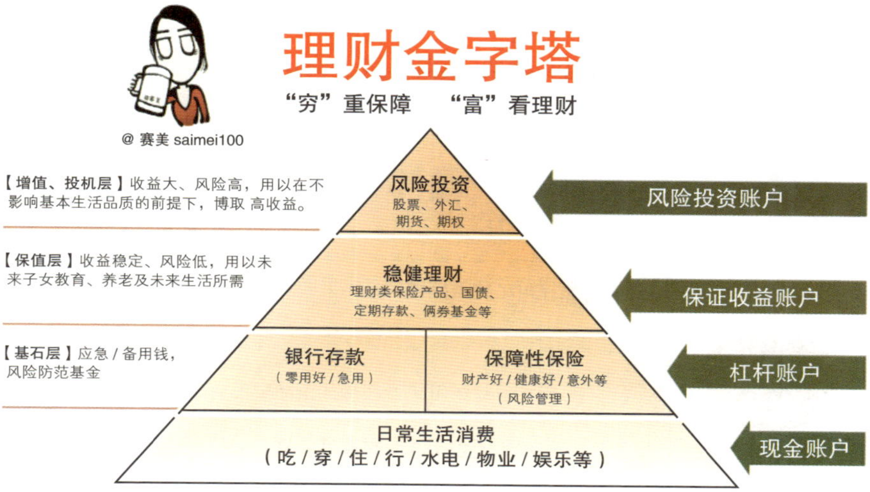

一生中，最需要关怀的是健康和生命的尊严。子女教育、资产传承、尊贵养老、高端医疗、品质生活，都需要提前部署，才能锁定好产品、好资源，满足家人的心愿清单。

然后，需要进一步去规划资产以及安排投资，实现家庭资产与个人资产的隔离，实现资产稳健保值与增值。

面对目前国内的房价情况，还没有买房的自由职业者，如果工作上不依赖地域，首付和房贷都有一定压力的情况下，并没必要在一线城市买房，如果想要置业，可以考虑二三线城市，增值空间大，交通便利，生活方便。就目前来看，房产的保值作用仍然是强于不少其他理财产品的，也不要从心理上予以排斥。

保险保什么？

保人身

保人身	大事	死亡、残疾、重大疾病
	小事	小意外、小毛病、小医疗
	无事	教育、养老、储蓄、投资

保资产

保资产	资产剥离	资产剥离就是把“家庭私人生活所必需的现金流”与“企业现金流”严格区分，建立一道防火墙
	资产转移	资产配置需要长短兼顾，快慢协调，配置一些金融资产，让金融资产在您的资产中占有一定的比例。
	资产传承	对于一个不具备财富驾驭能力的人而言，一次性地给他一笔巨额的财富，将会是一场灾难。保险可以帮助您的孩子拥有一个源源不断的现金企业。

另外有些自由职业者怀着对大理、丽江等地方的向往，觉得到那边租房或开客栈等都不错，这个还是要根据自己的商业能力来进行规划，毕竟，真实的生活可不是风花雪月那么浪漫。如果开了客栈却门可罗雀，那就不是生财之道，反而可能成为麻烦。

从理财手段来说，保险作为重要的风险管理工具，可以有效地规避财务风险，可以成为财富配置中的一部分。

那么，自由职业者应该如何配置保险呢？

自由职业者可以在意外、重大疾病保障、门诊以及住院医疗报销、寿险、现金流管理、长期理财计划等形成一个整体的规划方案。根据自己的财力情况选择合适的险种。

另外，自由职业者除了为自己配置意外、重疾、医疗保障外，还需要提前为家人建立一座护城池，建议将保障计划配置齐全，避免因风险来临时，影响到自己的资金计划，从而实现财富保全。

还有一个投资渠道，也是值得自由职业者关注的，就是股权投资，尤其是在互联网创业方面，如果有信得过、能力强的朋友的创业项目，也是可以考虑参与一下的，不见得自己参与创业或管理，而是可以只投钱拿一部分股权，如果投准了项目，这个回报还是非常大的。

当然，所有的投资都有风险，需要谨慎。

如何开具发票

自由职业者的有些收入是不需要发票的，但如果是和一些企事业单位合作，往往就会被要求出具发票，这种情况下怎么处理呢?

坚决不建议去购买假发票，这个是违法的事情。

从正途解决，通常来说有两种办法：

1. 找朋友公司帮忙代开。

如果不是频繁地需要大量发票，可以找有公司的朋友帮忙代开一下，其中涉及的税额自己来承担。

2. 自己注册公司，由税务局代开发票。

随着你事业的蒸蒸日上，开票这种事情会越来越多，而对个人适用的 800 元以上征 16% 直至 40% 的劳务所得税也能让你不堪重负。这种情况下，最好还是自己注册公司，由税务局代开发票。注册公司的过程包括后面的账务处理虽然有些麻烦，不过，企业所得税可以通过一些发票以及员工工资成本抵掉，综合算起来，还是比较划算的。

另外，注册公司的好处还有，如果出国签证需要在职证明时，不需要找朋友公司代开，自己完全可以办理。另外，还有社保、医保和公积金，都可以用公司名义来交了，不需要再去麻烦朋友公司或者找第三方公司代劳。

如果觉得自己注册公司太麻烦，可以交给代理公司去进行，不过在时间、精力允许的情况下，还是建议自己全程跟一下，这也是长知识的好时机啊！

如何贷款

自由职业者当然自由，这是好处，不过，在买房这件事上，也会遇到烦恼。如果想要申请房贷，怎么才能顺利批下来呢？

一、商业贷款

1. 收入证明

一般来说，买房贷款需要各种材料证明，如收入证明、婚姻状况证明、房产证明等。其中对于自由职业者来说最麻烦的当属收入证明。

收入证明是银行来衡量贷款人经济实力的最关键凭证，将直接影响到房贷额度、利率等问题。

如果是自由职业，也是需要有供职单位拿出公章给开出证明。如果是个体工商业者，可以用自己的公章为自己开证明（所以注册为个体户或注册公司还是非常有用的）。

2. 工资流水

工资流水是公司为员工缴纳个人所得税的流水，每月工资由银行代发等。在流水单上有“工资”字样，因此自己去银行定期转账存钱当作工资，并不能看作是“工资流水”。

如果自由职业者没有挂靠公司，可以找正规专业的中介来代开流水，或者有亲戚朋友开办的公司代发工资。

不过，虽然自己去银行定期转存这种方式不被正规银行认同，但是小贷公司还是可以的。曾经有位朋友，做了两年的自由职业者，需要贷款的时候，被开户银行拒绝，她询问了一些懂行的朋友，根据朋友的建议，每个月在固定的日期里往银行账户存入一笔固定的收入，比如在每个月的 15 号，往自己的账户里存入 6000 元，连续累计 3 到 6 个月，就可以去一些要求较低的股份制银行或小额贷款公司递交贷款申请。

用这个办法，朋友成功地在某小额贷款公司申请到了 5 万元的信用贷款。

懂得了这个方法之后，朋友养成了自存工资的好习惯，这样，一旦有需求，就不怕拿不出流水单了。

如果有长期合作的客户，比如，咨询顾问有时候是按年服务于一家客户，可以要求客户按月付费，每月在固定日期把钱打进账户，这样的话会比自己转存更有说服力。

另外，工资流水不仅是在贷款的时候需要，出国办理签证的时候往往也会用到。

小科普：

1. 工资流水是银行最为认可的工资发放形式，这也是稳定的工薪族比无固定职业者更易申贷的重要原因。

2. 如果你的工资发放形式是现金形式，你就可以自存流水，每个月在固定的时间段打入固定的金额，部分金融机构也是认可的。

3. 如果流水不足申请所需的贷款额度，有可转换贷款方式，由信用贷款改为抵押贷款或担保贷款，也可以大大提高贷款成功率。

二、公积金贷款

没有单位也能自己缴纳公积金，享受超低利率贷款买房，这事你知道吗？

目前越来越多的城市支持个人缴存公积金，详情可以查询当地的规定。

自由职业者缴纳公积金的一般流程：

1. 申请人凭本人身份证及本市社会保险缴费凭证原件及复印件到公积金管理中心办理个人缴存登记。

2. 缴存基数由个人自行申报，应不低于省政府公布的当年养老保险缴费基数，且不低于本人上年度的住房公积金缴存基数，不高于全市缴存基数上限，缴存比例一律为 20%。汇缴月份从申请当月开始，也可从下月开始。

3. 开立账户后，申请人每月按时缴存公积金。

正常缴存六个月以后可以按相关规定申请公积金贷款。

三、房产抵押贷款

作为自由职业者，如果能提供本人或他人名下的房产做抵押，可以找银行或第三方贷款机构（如小贷公司、担保公司、典当行等非银行贷款机构）办理房产抵押贷款。但是，若提供他人名下房产做抵押，必须取得房屋所有人的同意，而且须出具同意抵押承诺书。

四、汽车抵押贷款

自由职业者如果名下有车子，可以办理汽车抵押贷款，不过银行不受理此项贷款，因为车子贬值快、损耗大，所以想办理汽车抵押贷款的借款人只有找当地正规贷款公司办理，如宜信宜车贷。

五、信用卡取现

如果是急需用钱而又贷不出来，自由职业者也可以用信用卡取现，前提是你手上持有信用卡，且所需资金额度小、期限短。用信用卡取现时，持卡人除了要支付手续费外，还要支付利息，而银行会按照日息万分之五计息，如果用钱的时间长了，这个利息是十分可观的，所以只能是短期应急使用。

如何缴纳社保和医保

《社会保险法》里有规定，以个人名义或自由职业者名义缴纳社保须在户口所在地，个体户可以异地缴纳。

《社会保险法》对自由职业者的定义是：

自由职业者是指具有本市城镇户口，男性未满 60 周岁，女性未满55周岁，未与单位建立劳动关系，但从事有一定合法经济收入的自雇人员。按照相关规定，自由职业者缴纳社会保险费，采用指定银行以个人储蓄卡缴费的形式，约定扣款时间，按月足额进行缴纳，也可按季缴纳。

1. 自由职业者养老保险

根据《社会保险法》第十条中的规定，无雇工的个体工商户、未在用人单位参加基本养老保险的非全日制从业人员以及其他灵活就业人员可以参加基本养老保险，由个人缴纳基本养老保险费。

需要注意的是，自由职业者缴纳养老保险金比例各个地区略有不同。如，上海地区规定自由职业者缴纳城保基数的上、下限，在上年度全市职工月平均工资收入的300%和60%之间确定，养老保险金缴费比例为30%。

自由职业者若男性年满60周岁，女性年满55周岁，缴费年限（含连续工龄）满15年，即可申请领取养老保险金。如个别人员到达退休年龄时，仍在继续从事自由职业并有合法经济收入的，经本人申请，也可继续延长缴费1至5年。

参加基本养老保险的自由职业者，其退休条件和养老金计发办法与国有、集体企业职工完全一致，即养老金包括基础养老金和个人养老金两部分。

2. 自由职业者医疗保险

根据《社会保险法》第二十三条中的规定，无雇工的个体工商户、未在用人单位参加职工基本医疗保险的非全日制从业人员以及其他灵活就业人员可以参加职工基本医疗保险，由个人按照国家规定缴纳基本医疗保险费。

按照政策规定，自由职业者可以以个人身份参加灵活就业人员医疗保险，以个人身份参保的人员可以到户口所在区的社保经办机构，按照个人身份参加社保办理住院保险参保登记手续，并按时足额缴纳医保费。

需要提醒的是，每个地方的自由职业者医疗保险缴费标准，医疗保险报销比例等都有不同，具体医疗保险政策可以向当地的社保局咨询。

3. 自由职业者住房公积金

据了解，目前越来越多的城市放宽了公积金缴存范围，将个体工商户和具有执业资格的自由职业者纳入住房公积金缴存范围，但是，并不是每个城市的自由职业者都能享受此政策，具体可以参照当地的住房公积金缴存管理办法，或者咨询住房公积金管理中心。

按照政策规定，自由职业者如果已在其他缴存单位建立了住房公积金缴存关系，且在正常缴存公积金的，不能再自主办理缴存业务。个体工商户和自由职业者缴存公积金，单位缴存的部分和个人缴存的部分均由个人承担，缴存比例不低于 12%，缴存基数以上一年月均纳税收入为准，且不低于所在城市公布的最低工资标准。

有些自由职业者对社保、医保和公积金都不太注重，其实，如果经济比较宽裕，还是买了比较好。社保可以按最低额交，至少未来多一个保障，医保是一定要交的，即使有商业保险。公积金是在买房的时候贷款就看出好处来了。人无远虑，必有近忧，该做的事就去做，不要因为图省事为以后埋下隐患。

不要小看保险，SOHO 在社会保障方面是很脆弱的，尤其是突然得了一些大病，金钱损失会很大，分分钟把赚的钱都赔进医药费了。

【小科普：五险一金相关知识】

“五险”包括养老保险、医疗保险、失业保险、工伤保险和生育保险；“一金”指的是住房公积金。其中养老保险、医疗保险和失业保险，这三种险是由企业和个人共同缴纳的保费，工伤保险和生育保险完全是由企业承担的，个人不需要缴纳。这里要注意的是“五险”是法定的。

如何解决档案存放问题

毕业后，个人档案和组织关系等会随着报到证（派遣证）被录用单位或录用单位的人事档案存放单位接收。人事档案的有效管理，会关系到毕业后的很多事情，比如工作起始日期证明、干部身份转正（大学毕业按干部身份确定，职称评定、户口迁移、工龄评定、报考公务员等都需要干部身份）、结婚、生育、公证等。很多人毕业后继续考研或者自由工作，或者到一些企业，但没有注意转接个人档案，最后导致很多麻烦。

如果你找到了具有独立人事权的单位（政府事业单位及大型国有企业等都有独立人事权）或者愿意接受个人档案的其他企业，则会由单位的人事部门协助你管理个人档案，并在不同时期提供个人档案相关服务。

自由职业者离开原单位时，一般会要求移出档案，但放在个人手里保管是不被允许的，此时，可以去找第三方托管服务比如人才交流中心，有时候需要缴纳一定费用，详情需要咨询当地的人才交流中心。

每个地方有自己的规定，所以在离职前需要了解好当地的规定，然后采取对策。

比如深圳的规定如下：

http://www.szhr.com.cn/hrmg/ywzn/02snbd.html 深圳户籍流动人员委托保管人事档案及关系须知。

工作中的专业主义

自由职业，只是脱离了单位的约束和管制，并不等于随心所欲，在工作方面，有时候还是需要与人协同的。

比如，我和剽悍一只猫合作写书，就是通过微信进行沟通，这就需要一种协作：大纲怎么定、怎么分工、内容的标准是怎样的、什么时间交稿。

别拿“自由”做借口，砸了自己的品牌。

自由职业者完全可以按照自己的兴趣爱好和特长选择工作内容和工作方式以及合作伙伴和服务对象，这就在很大程度上使开发个人的潜能和人力资本最大化成为现实。但是任何自由都是相对而言的，要自由，也要自律、自觉、自强，守信，这样，才能够有极佳的口碑。

如果以为职场自由人就可以随心所欲、率性而为，不遵守时间，不履行承诺，以一句“不好意思”搪塞自己所有的失信行为的话，那自由人离不自由就不远了。真正的自由不会赋予自私、自负、自我的人。

对一个自由职业者来说，你自己就是品牌，你的每个行为都是个人品牌质量的表现，不妥当的个人行为可以毁掉个人品牌。自由是以自律、自觉为前提的，一味放纵自己的所谓“自由”无异于自残。

要有高效的执行力，不要陷入拖延症。

自由职业者为了避免散漫，其实更需要计划，有了计划，还要执行。尤其是在和客户一起做项目的时候，不能延期交工，拖了后腿，应该严格执行约定的日期，按照指定的标准进行，如此，才能赢得客户的信赖。

有些人成为自由职业者，因为无人约束，生活变得混乱，于是说自由职业也没想象中好，其实这还是自己的问题。

从经营到专业，全方位懂行。

自由职业者其实可以理解为“一人公司”，也就是说，一个人身兼 CEO、财务、采购、销售等各种职能，不仅要掌握专业技能，还要懂得经营，这样才可以让自己的业务发展得更好。这里面涉及的知识很多，重要的事情都需要掌握，有些事情，也需要做好协同，既要管理好自己的时间，也要提前做好采购、外包等，如此才能让客户满意。自由职业也是工作形态，对于工作就不能散漫地对待。

专业形象的打造。

为了体现专业性，外在形象也不能轻视。会客时的装束、名片、数码设备等都需要体现出自己的专业度，不要以为不是全职工作的状态，就可以轻忽怠慢，必要的情况下还应该请专业服饰顾问帮助自己设计形象。类似的道理，在网络上的数字形象也需要注意，不能因为缺少约束而肆无忌惮，因为客户也有可能通过网络来了解自己。

适度参与线下专业圈子的聚会，也是打造形象和拓展业务的好方法。专业的口碑一旦传开，很多生意会自己找上门来。

KPI（关键绩效指标）仍然重要。

很多人在做全职工作的时候，特别讨厌KPI，觉得给自己带来很大压力。成为自由职业者以后，有些人的目标感因而弱化很多，在时间相对自由的情况下，生活压力如果不是很大，对于目标的追求，有可能不会像以前那样明确。其实，即使是做自由职业者，最好也要给自己制订KPI，比如我的KPI中就有“每年至少出版两本书”这样的细化目标，而剽悍一只猫则把粉丝增长作为目标。在这样的情况下，固然是有一定压力，但也因此能够更快地进步。

当然，自己制订的KPI不必像公司那样严格细致，可以按照平衡计分卡，制订几个维度的指标，并且在过程中不断检视完成情况，相比目标感缺失，这样做会更好一些。

充分发挥自由职业者的时间优势

相比朝九晚五的上班族，自由职业者最大的优势就是时间，不需要浪费在不必要的会议里，所以，理论上来说，会非常高效。

不过，这里也要注意，如果习惯了松散，做事情的时候也懒洋洋的，那时间可能也会浪费，并达不到理想中的高效。

自由职业者的习惯也都不同，有人是晨型人，习惯于早起工作，比如知名画家蒋勋，最黄金的工作时间一直是早上6时到9时；有些人是夜型人，越晚越精神，这类人相比晨型人会多些，不过夜型人也是可以向晨型人转化的。

不管是哪型人，最好都先了解一下自己的时间运用习惯，这样才能够做到更好地发挥。

自由职业者的时间优势还体现在错峰时段，比如，电影院通常在工作日人会比较少，这个时候看电影，要比周末舒服很多。外出旅行也是这样，错开黄金周，就可以错开人多造成的拥挤了。

我的习惯就是这样：当别人都在上班的时候，我可能外出旅行，而当别人都去旅行的十一黄金周，我却闭关写书。看电影，我基本不会选择周末，别人的工作日，我去看电影，影院里特别清静。这本书的二稿修订，就是在春节期间进行的，当别人在过年的时候，我在工作，当别人开始上班了，我的书稿修订工作也完成了，可以玩耍了。

当然，有家庭的自由职业者，需要和家人的时间保持同步，在错峰方面可能没办法享受太多。

有位朋友是自由文案撰稿人，文章阅读量通常都是几万，他的日常是这样的：

早上 6 点起床，洗漱之后，健身一小时，到附近的茶餐厅吃早餐。大概 8 点回到家里，开始刷当天的热点新闻、知乎、朋友圈、微博、豆瓣……几乎是全网搜索，为自己的内容寻找素材，忙到 11 点半，或者在家里吃饭，或者外出到附近吃饭，忙起来也叫外卖；饭后的午觉是雷打不动的，醒来后开始写，通常会写几千字，两三个小时完工，中间会停下来休息一下，喝杯咖啡；到 5 点左右，外出买菜煮饭，等到女朋友回来，饭已经做好；吃完饭之后，在公众号后台和粉丝互动，中间可能会看场电影，读读书，通常到 10 点或 11 点休息。

反正，他女朋友对这种日子特别满意。

作为自由职业者，有了大把时间，是不是凡事都亲力亲为？

也不是。

必须要衡量性价比，然后决定是自己做还是外包。

搬到新居后，我从网上买了几个简易书柜，这些书柜送到时都是平板的状态，需要安装，我出于好奇，自己安装了一个，花了一个多小时，把手都磨出了泡。反正好奇心也满足了，动手能力也练了，于是就从网上搜索，看有没有提供安装服务的，找到了万师傅网站，发起了一个任务，选择其中一位报价最低的师傅。然后师傅上门，平均每半小时装好一个，总共安装好三个书柜，付了 90 块钱，我觉得非常合算，过程中还好奇地拿起师傅的电钻等工具看了看。后来又请这位师傅过来安装了三个书柜，价钱同样。

对我来说，付出的是少量金钱，而赢得的是时间——毕竟，在分答上回答一个问题，几分钟就可以获得 28 元，并没必要去做这样的劳力，尤其在好奇心满足和动手能力试验完以后。

永远不要放弃充电

永远不要放弃充电！

永远要探索新事物！

不管在职业生涯的哪个阶段，不管是全职还是自由职业。

学习应该成为本能，对于一切追求自由职业态的人来说，尤其需要做到这样。

在行的新产品分答上线当天，我正在内蒙古的萨拉乌苏沙漠徒步行，其间休息的时候，那里正好能够上网（沙漠和湿地空旷，很多地方没信号，得碰运气），看到群里有人在讨论分答，于是花五六分钟填好资料，当天就开始回答问题。截至 2017 年 1 月下旬，已经回答了 1500 多个问题，扣除手续费后的收入是 5.2 万多元。

而喜马拉雅的速度也是很快，和喜马拉雅的人建立联系后，很快就推出了内容，固然这个和过往的深厚积累有关，然而，反应速度也很重要，如果不够快，可能就会错过。

再往前推，还可以上溯到个人主页、论坛、网络社区、博客、微博、微信公众号……几乎可以说，互联网上的重要红利，我都没有错过。这样的敏锐度，对于移动互联网的“游牧民族”来说，是非常重要的。

知识经济时代，没有什么是稳定的，一切都在不确定中，唯有不断学习，快速跟上时代，才是正道。对于新事物，切忌还不了解就断言没用，那样的话，可能会错过很多机会。

陈慧敏是BetterMe大本营的创始人。BetterMe大本营是以“一个人走得快，一群人走得远”为理念的互联网学习社群，成立3个月即发展为全国性社群，运营团队超过百人，受到媒体广泛报道。由于出色的运营才能，陈慧敏曾经被一家金融公司邀请加入，只是由于BetterMe的快速发展，慧敏最后选择了离职创业。

即使是在做全职妈妈的时候，慧敏也不曾放弃学习，坚持运营社群。她的先生，从事的是隧道、路桥等工程工作，经常需要驻扎在深山等偏远之地，慧敏带着孩子，随先生一起，辗转在各个工地之间。工地上，也有很多跟随先生的女性家属，不过她们不少人，就是困在了工地上。慧敏说看到她们那样的状态，真是特别想要拉她们一把，但是几乎很难，在那种深山里，淘宝做不了，她们有的不会用网络，有的不愿意接触和学习，跟着老公从一个工地到下一个工地，一旦离开就没有工作了，不能养活自己，于是只好依附老公。

时代的大潮裹挟着人前进，不自救的人只能原地等待命运的捉弄。慧敏说她创立BetterMe大本营，既是为了自身进步的需要，也是希望提供一个群体学习的平台。

在分答和在行，经常会有全职妈妈来向我咨询怎么才有更好的出路，我经常拿慧敏做例子，希望她们都能够找到适合自己的工作方式。现在由于二胎政策的放开，估计又会有很多全职妈妈产生，然而，即使是在家庭里，也不能中断了学习。

村上春树说："要永远保持挑战新疆域的热情，因为这对从事创作的人至关重要。安居于一个位置、一个场所（比喻意义上的场所），创作激情的新鲜程度就会衰减，终至消失。"

其实，不只是从事创作的人需要这样，在这个时代，想要上进的人，都不能安于现状！

既然想要成为更好的自己，既然决定了要追求自由，那就必须对自己的品牌、市场知名度、服务质量、知识更新以及自己今后的生计等问题全面负责，养成终生学习的习惯，才会拥有最大限度的自由。

自由其实没有止境，如果说非要给自由一个终极追求目标，那应该是心灵自由。

而要实现心灵自由，需要很坚实的基础：不断进取的心智模式、终生学习的习惯、与时俱进的能力、对各种新方法和新工具的快速掌握的能力、精神与能力时刻不要低于最低"电量"，只有这样，才能让自己拥有更多选择、更宽阔的面向未来的入海口，才是真正的移动互联时代的"游牧民族"、时代的弄潮儿！

希望这本书，能够提供给你充足的电量！

案例

沈怡：
上了《一条》的80后美厨娘

三年前，她就是一个普通的上班族。

过去的三年，

她用半年从零开始自学厨艺，

她用一年创办了“小怡私房菜”。

她近20次担任美食电视节目的嘉宾。

她3次参加《一条》“美食台”的美食视频录制。

她开通同名的原创公众号。

获得很多大咖的诚意推荐。

她曾是——

娇弱如花的乖乖女。

朝九晚五的金融女。

姓名：沈怡
网名：沈小怡
性别：女
标签：80后美厨娘/
小怡私房菜创始人/
美食自媒体
身份：自由职业者

她现在是——

“小怡私房菜”创始人。

方太生活家签约讲师。

独立美食自媒体人。

《一条》“美食台”特邀嘉宾。

《淘最上海》“人气美食”特邀达人。

剽悍一只猫：小怡，当时我在重庆的时候，想着到底北上广深选择哪个，现在想起来，幸亏我选择了上海，靠你近点，才能吃到这么多美味的东西！

沈怡：哈哈，英明的选择！

剽悍一只猫：小怡，你这手好厨艺，是家传的吗？

沈怡：还真不是。我是后来练的。

剽悍一只猫：那简直是天赋异禀啊！你以前是做什么工作的？

沈怡：大学毕业后直接进入银河证券上海地区的一家营业部工作，最开始做柜员，后来做销售，最后做管理。这算是唯一的一份正式工作。

剽悍一只猫：那你是怎么走上美食这条道路的呢？

沈怡：嗯，这里面有很多的偶然。

婚前，我是金融行业的“娇娇女”，刚刚领了结婚证的第 4 天，妈妈在睡梦中走了，我和爸爸的世界一片黑暗，两个饭来张口衣来伸手的人就这么毫无征兆地失去了依靠。在最爱我的妈妈离开以后，我选择要坚强地撑起两个家庭。先办了妈妈的丧事，三个月后办了自己的喜事，两个月后又辞了职，做起了家庭主妇，然后又创业，最早是淘宝女装店主，后来是淘宝美食店主，再后来做了私房菜，成了私房菜老板娘，独一桌的私房菜在上海滩一炮打响。

剽悍一只猫：万万没想到……之前，我就注意到了你凭着精湛厨艺、励志经历和良好口碑，常年在大众点评网上被评为五星商户，还看到你开了微店，每个月的销售额也不低，不知道背后还有这么曲折的故事……

沈怡：除了微店以外，今年 4 月我还开了微信公众号，发各种美食文章，短时间内积累了大量粉丝，有时候单篇赞赏达到上千元，也有很多供应商来找我，商谈合作提供粉丝福利。想想的确是不可思议，现在，我真的成了三条腿走路的女人。

剽悍一只猫：我做饭不行，不过喜欢吃，也了解过一些美食自媒体。那你为什么选择做自由职业者呢？

沈怡：因为时间自由，可以有时间照顾家庭。选择更多，可以做自己喜欢的事情。

剽悍一只猫：做了多长时间？

沈怡：3 年多吧！

剽悍一只猫：从金融行业到美食自媒体，小怡这个跨界真厉害！现在客户都是通过什么渠道找过来？

沈怡：最早的客源都是朋友或朋友的朋友，后来在大众点评网上注册了商家，接着被电视台的美食节目发现，上门来采访录制节目，客源开始转变为陌生客户或老客户的朋友。

剽悍一只猫：你觉得自己的核心技能是什么？

沈怡：我觉得有三点：对目标的执着、对细节的追求、对人脉的开拓。

剽悍一只猫：对于收支情况是否满意？最主要的收入方式是怎样的？

沈怡：我是个容易知足的人，对现在的收入很满意。收入方式主要是私房菜 + 微店 + 微信公众号 + 商家赞助 + 社会活动，马上会有烹饪课程。

剽悍一只猫：这么多事，一个人忙得过来吗？

沈怡：我请了一个助理，她会帮我处理一些杂事。不是全职，就是钟点工的性质，有事了就过来。

剽悍一只猫：你认为做自由职业者的好处是什么？

沈怡：可以把自己的兴趣爱好发挥到极致，可以结交不同行业的人群，可以有更多的时间自我增值，可以家庭和事业兼顾。

剽悍一只猫：那有没有什么坏处呢？

沈怡：如果在意社保，就需要找正规单位代缴社保；如果是单打独斗的状态，有时会缺少团队归属感。

剽悍一只猫：打算做多久自由职业者？

沈怡：就这样一直做下去吧！（调皮的微笑）

剽悍一只猫：有没有想对自由职业者们说的话？

沈怡：辞职之前先要考虑两点：第一是经济，钱不是万能的，但很多事情没有钱也是万万不能的，你是否有稳定的经济来源；第二是自律，所谓的自由其实是相对的，自由职业并不是解放人生，而是拔高人生，对自己提出了更高的要求，你能否真的能掌控自己的生活。

剽悍一只猫：最常使用的工具有哪些？

沈怡：微信、微博、大众点评、美图秀秀、POCO 相机、淘宝、一号店、百度地图、挖财记账理财。

公众号：沈小怡

（**微信号：**shenxiaoyi0829）

阿文：
这个网黄非常有才而且可爱

刚毕业时，阿文是一名焦虑的求职者。

现在，

他的在线课程上线一天就卖了 10 万元。

他用 1 个月成了 PPT STORE 的首席设计师。

他的 PPT 模板月收入已突破了 16 万 +。

他的 PPT 定制收费从 100 元 / 页涨到了 1000 元 / 页。

他曾是——

迷茫的大学生。

上市公司的数据分析师。

姓名： 李浩文
网名： @Simon_ 阿文
性别： 男
标签： PPT/ 网黄

他现在是——

京城最贵的 PPT 设计师。

PPT STORE 首席模板设计师。

秋叶团队核心在线课程产品经理。

数据可视化超级玩家。

Office 企业内训讲师。

H5 达人。

ECharts/ 国双科技 / 远景能源等多家公司（团队）的演示顾问。

代表作：《我懂个 P》《和阿文一起学信息图表》《和阿文一起学 H5》《邱晨的设计急诊室》

萧秋水：阿文，你知道吗？我对你的景仰犹如滔滔江水绵绵不绝，又如尼罗河水泛滥一发不可收拾……

阿文：秋水老师你这台词背得真好，还会加点变化。

萧秋水：我这脑洞就是跟你学的啊，看你的课程的时候，经常会有惊艳的感觉，咦，我怎么没想到还能这样？噢，原来还可以这样做！你是怎么练成这样的？天赋异禀？

阿文：秋水老师开玩笑啦！

其实就是两项，一个是硬的核心技能：PPT 制作能力，设计能力。

一个是软的核心技能：自学能力。

我觉得在这个时代，自学能力很重要。因为有些领域是全新的，并没有人可以教你现成的东西，这就得学会自己摸索。

萧秋水：对！所以我觉得阿文你的个人知识管理做得非常棒！我记得你是 90 后吧？在你这个年龄，取得这样的成绩，真的很了不起。

阿文：是啊，我 90 年生的，刚好赶上 90 后的“美称”，现在已经到了逐渐失去年龄优势的 27 岁。

萧秋水：年龄优势也许会失去，但是经验和技能的优势会跟上来。话说你这个网黄的标签也有意思，那种带点擦边球的“黄”，还真是成了你的风格，识别力很强。事实上，生活中的阿文是特别可爱的。

阿文：因为像你。

萧秋水：我晕，这么会说话的……讲讲你工作中的故事？

阿文：曾经在大数据公司国双科技工作过一年半，入职时是一名数据分析师，后来转为产品经理。主要职务是研究竞品，优化自身产品功能以及解决客户需求。

也因为这份工作，我接触了数据可视化，为我后来的信息图表课程奠定了理论基础。因此，我至今还十分感恩国双，虽然目前离职了，但依然保持着合作关系。

萧秋水：感觉转折挺大的啊？

阿文：是的，工作很忙，故事很少，但感觉我的人生充满了转折。

考入了师范大学，却选了非师范专业；报读了经济学，却迷恋上了平面设计；自学 PS，却因为 PPT 一炮而红；立志成为一名设计师，最后却成了一名数据分析师。

最后的这个转折，对我影响比较大。大四那年，我的目标很明确，就是毕业后留在实习的广告公司，成为一名厉害的平面设计师。但毕业前夕，我接到了一通电话，大概意思就是公司预算不够，不能聘用我了……那时候离学校赶人，还有一周时间。

似乎连失落的时间都没有，收拾了一下心情，我就重新开始找工作了。最后，机缘巧合地投进了国双的怀抱。那时候我根本不清楚进去国双要做什么，我只知道我需要一份工作，国双那时候刚好有 PPT 需求，我们一拍即合。而我也只能暂时搁置设计师的梦想。

但也因为这个巧合，我接触了数据可视化，也才有了后来大卖的《和阿文一起学信息图表》。

我相信，所有的经历都不会白费，所有的付出都会在最巧妙的时间点，得到回报。

如果我没有进国双，那又是另一个故事了。

萧秋水：为什么选择做自由职业者？

阿文：最大的初衷就是，回归做自己喜欢的事情——设计。

在我有能力养活自己的前提下，能做自己喜欢的事情，为什么不呢？

萧秋水：做了多长时间自由职业者？

阿文：一年半。

萧秋水：那你现在从事的行业属于什么？

阿文：属于大数据行业，每天和数据打交道。

萧秋水：工作来源都有哪些？

阿文：

1.PPT 培训订单来源

在秋叶大叔的推荐下，我的 PPT 教程在网络上积累了一定的人气，很多客户都通过微博私信找过来，我也因此获得了很多企业内训的机会。

2.PPT 定制单子来源

曾经有幸服务过一些品牌客户并获得了他们的认可，他们经常会把我推荐给圈子内的朋友。另外，这些品牌背书也能让我快速地获得新客户的青睐。

这是一个良性循环，我只需要把工作做好，就越来越不担心工作来源了。

萧秋水：对于收支情况是否满意？最主要的收入方式是怎样的？

阿文：对于收入，我并没有多大野心，够用就好，现阶段已经远远超出“够用”了，因此，我对收支很满意，也十分感恩。今年还完成了人生的第一次出国旅游。

收入方式：PPT 定制收入（主要）、在线课程收入、PPT 培训费用、PPT 模板收入、演示顾问收入。

萧秋水： 去哪儿旅游了？

阿文： 意大利南部的一些不知名的小城镇。

萧秋水： 有什么感受？有艳遇吗？

阿文： 哈哈，不敢有艳遇。美到想定居。

萧秋水： 你认为做自由职业者的好处是什么？

阿文：

1. 自由

工作方式的自由：无论是工作时间，还是工作地点，现在都由自己支配。我是夜猫子，晚上的工作效率更高，相比以前在公司的朝九晚六，现在我可以工作到一两点，然后上午 11 点起来，到附近的咖啡馆工作，完全不会受限。

工作内容的自由：不用被其他的工作束缚，可以自由选择想做的项目、想合作的人。甚至我也开始尝试一些以前根本没时间点开的技能树：开始学泡咖啡，学做饭，开始健身，开始意识到其实工作也是为了要更好地生活。所以自由也带给了我更好的生活品质。

2. 人际关系简单

远离了办公室政治、上下级关系，可以和志同道合的小伙伴一起做项目，参加自己感兴趣的团体活动，也有了更多时间陪伴家人。

萧秋水：你认为做自由职业者的坏处是什么？

阿文：

3.效率变低

刚开始的时候，效率会很低。特别是从一份高强度的工作中跳出来后，会感到很不适。不用打卡，不用被监管，不用每天翻邮箱……

即使一年后的现在，偶尔也会犯懒睡个懒觉，或者打开电脑后很久才开始进入状态。

但是项目和团队会鞭策我不断提高效率，因为如果自己效率低，就会影响到项目的进展和团队里其他伙伴的工作，所以自由职业者不是一个人，还是有团队的，只不过可能是虚拟的“/”线上的。

4.敏锐度降低

在工作效率低的情况下非常容易分心，对于工作的注意力和专业敏锐度也容易下降。比如中午刚开始工作的时候可能要处理很多留言，没有办法长时间集中在重要的工作，也没有办法马上进入专业的思考状态，一般这个时候我都会用来处理微博或微信上的留言，浏览收藏夹里那些每天必看的内容，等状态好一点，再开始正式的项目工作。

5.忙闲不稳定

自由职业者虽然可以按自己意愿选择项目，但不是所有时候都有项目等你去选的。有时候可能就是空档期一个项目也没有，有时候可能手头好几个项目并行。这就导致我有时候很闲，有时候很忙。我试过连续三个月同时进行四五个项目，每天都是三四点睡；也有过一个礼拜每天都很轻松的日子。忙闲虽然对我来说不算很大的问题，但是可能对健康不是很好。

萧秋水：打算做多久的自由职业者？

阿文：如果可以，就一直做下去吧。我不是一个有野心的人，所以十分享受这份自由。

萧秋水：有没有对自由职业者们想说的话？

阿文：自由职业者，首先要有“职业”，然后才“自由”。

我认为，自由职业者的重点在于，自由地选择适合自己的工作方式和内容，持续有产出，这样才是一个自由“职业者”，否则很容易就只是“自由人”。所以自由职业者们需要的自律和规划远比普通上班族高多了。

另外，要不断提高自己的学习能力，要对新鲜的事物（或工具）保持敏感。努力做到，随便给你一个新的工具，你都能在短时间内玩到 60 分。

萧秋水：最常使用的工具有哪些？

阿文：1.Office：工作原因，几乎天天都在使用 PPT。读书时确实没想过，PPT 做得好，除了可以解决工作上的需求，还可以成为一门养活自己的手艺。

2.Photoshop：一个辅助我设计的工具，大家应该也不陌生。

3. Instagram：外国版朋友圈，主要用来关注一些创意设计师的账号，开阔视野。

4. Tumblr：类似于国外的微博，也是用来了解外界的资讯。

公众号：我懂个 P

（微信号：simonppt）

小荻：
她不想只因为声音被人记住

网名：小荻老师

性别：女

标签：培训师 / 沟通逻辑 / PPT 达人 / 声优

年龄层次：80 后

身份：自由职业者

小荻，一位拥有理性头脑和感性声音的培训师。

新锐逻辑沟通训练导师。

专治各类沟通顽疾，从原因到原理渐入分析，从逻辑到方法抽丝剥茧。

为 60 多家创业公司的融资路演幻灯片进行逻辑梳理；

为众多企业、部门、个人进行有效逻辑构建方式的指导。

让个人的沟通、交流更有效率，减少误会；

让企业的报告、课程言之有物，重点鲜明。

目前已协助 10000 多个人解决工作、生活中的人际沟通问题。

拥有 8 年课程开发、授课经验，

累计授课 3600 多课时，

平均培训学员约 15000 人次 / 年，

授课风格以通俗易懂、亲和幽默、落地实用见长。

萧秋水：小荻，我记得你的工作经历挺丰富的对吧?

小荻：的确如此。

萧秋水：怎么个丰富法呢?

小荻：先说数据吧。

毕业 8 年，换了 6 份工作，6 个行业，3 个城市。

具体来说是这样的：嘉兴，软件设计小公司，公司一共 50 人左右，除了编程之外，什么都做，在整个浙江省跑，帮别人装软件，教他们怎么用，那些公司都在特别不好找的地方，于是，练就了强悍的出差能力。做了一年，工资从 900 元涨到 1200 元。

三亚，保险公司，做专职培训讲师，内勤，给整体综合素质特别有限的保险行业新人讲保险基本原理，努力确保他们顺利考到证，做了 4 年。最大的收获是，死命地理解了什么叫换位思考，什么叫作“用对方的语言”进行表达。加起来授课得有近 3000 小时。

萧秋水：小荻这数据……杠杠的！我记得你好像从三亚到了深圳对吧？来到深圳好像是去了顺丰?

小荻：对，来到深圳以后，在顺丰的速运金融事业部工作，是市场部下的培训岗，工作了一年。最大的收获是，真正把以前学到的东西用了起来，培养了差不多50位兼职讲师。然后就到了鹏爱医疗整形集团，培训高级讲师，4个月。第一次在人资体系下做培训。在这里，从头到尾地尝试了远程教学，以及运用在线工具串联多个培训点，顺带把企业号、会议协助平台玩了个遍。

萧秋水：后悔啊，早知道就应该在你还在鹏爱的时候去整个形什么的……可以拿到内部优惠价的吧？

小荻：教主你不用整已经够好看了，至少甩秋叶大叔三条街没问题……

萧秋水：秋叶大叔要哭了。然后又跳了？

小荻：对，是万佳安（安防）集团下的创业公司，经常直播，做企划，做了4个月。这个收获是，部分了解了安防行业，大量了解了直播行业。跳出了培训师的边界，也第一次把我对PPT的技能和理解，正经地用到了工作上，因为以前做PPT我觉得就是搞培训应该的，主要是用PPT帮公司画了软件LOGO，这个LOGO他们到现在还在用。

萧秋水：去这家公司就是因为你当时的领导通过在行约见你？

小荻：对，就是这家。

萧秋水：然后就到了高维学堂？

小荻：对的，高维学堂，培训行业，做产品+新媒体运营，做了4个月。是以课程产品开发的原因进去的，但回顾时发现，做了大量的事情都是新媒体运营的。最大的收获其实是，跟着公司听了大量的优质创业类课程，这些课程后来用在完善我的课程体系，让我跟创业者聊天的时候对他们和他们的问题有了更清晰的认知，甚至给他们提供了在行话题之外的帮助。

萧秋水：很多人频繁地跳槽，我是不太赞同的，因为时间太短，难以形成积累，不过你是个例外，你可能没有注意，你比较善于记录和用数据分析，这让你在较短时间内也可以有较大的收获。给我们讲点好玩的故事？

小荻：好玩的事是成串的，跟串烧一样……进保险公司的时候，是因为亲戚在三亚，刚好招讲师，妈妈不想让我一个人在别的城市，所以，虽然有男朋友，但还是任性地甩了男朋友去了三亚。

因为做了培训师，才想要去上课，学 AACTP 的课。

想成为培训师，微博名字就写了个“潜力培训师”，因此认识了悉达多酋长，他以为我和他一样，是做潜能开发的。

酋长让我有了做个人品牌和去深圳这两个重要的决定。

因为学了 AACTP 的课，发现了 PPT 很重要，才在网上找到秋叶大叔。

因为酋长让我上网讲课，我才勾搭了秋叶大叔，因为要改他的课件。

做了网课，获得了秋叶大叔的关注，后来成了小伙伴。

成了小伙伴，有了底气，敢想来深圳闯闯的事儿了。

在想来深圳的时候，同事们离职，导致我们严重缺人，我就不敢离职了。

但是，碰巧我因为腿受伤，进医院做手术，同事们就习惯了没有我的日子，于是我果断在住院期间偷跑来深圳找工作。

因为来了深圳，工作有了改观，有了更多的时间，也有了更多的想法，才做了网上的工具栏课。

因为做了工具栏课，成为 PPT 达人，才有了更多的自信，也认识了更多的 PPT 圈小伙伴。

看微博的时候，不小心看到了姬十三的微博上有秋叶小伙伴邓稳的照片，才认真看了姬十三的微博，获知了在行在深圳开办的信息，这真的都是意外啊！

入驻在行，主要因为秋叶 PPT 小伙伴，以及多年培训师的名义。

在在行遇到一票行家，解决了在深圳的一大堆生活问题。

在在行遇到一票学员，完善了我的课程体系，也让我对迟迟没有做起来的个人品牌有了更多的思考。

遇到男朋友 H 先生这种意外就不用说了……

因为在行行家汪宇石，开始深入思考，自己想要的到底是什么。

因为在行，遇到 KK 林传科，合伙的过程中，学习了大量的创业知识，尤其是理解了打磨产品的一些核心原理，让我未来的课程产品更加精进。

因为 H 先生坚持带我思考，开始考虑自由职业的可能性，并坚定想法，最终出来做自由讲师。

因为秋叶大叔，认识李海峰老师，参加 DISC 培训，认识了一大堆人，他们有的为我带来了内训机会，有的为我带了信息和合作，更多的，是让我觉得看到了可能性而更加自信。

因为秋叶大叔，认识李忠秋老师，研读了他的书籍，完善了课程体系。

因为李海峰老师，认识了王鸥飏老师，学了教练技术，因此帮助了更多的人，也理清了很多的思路。

因为秋叶大叔，认识 BM 的陈慧敏，是她让我最终坚定了逻辑和沟通的方向，并且开始思考做在线训练营。

因为慧敏，我们有了更多的思想火花，最终催生了大叔做 IP 训练营。

还有还有，因为秋叶大叔，认识了教主，还记得那次教主让我到你家吃杨梅，然后就越混越熟啦，那次通过在行约见教主，教主建议我参加 IP 营的会诊。因为会诊，确立努力目标和方向。然后好像很多事情都不一样了……

一切都是意外，但一切，都是最好的安排。

萧秋水：这个功劳我得老实不客气地接住……那你选择做自由职业者，主要是因为 H 先生？

小荻：也不只是 H 先生，6 个企业的经历，加上李海峰老师的提问，让我逐渐认识到，我其实是一个“个人工作者”，我在公司跟他人合作的过程中，如果有一些事情是我短期无论付出多大努力都难以达成和改变的，会让我很焦虑和痛苦，比如某公司的培训现状以“成功学”类的培训为主，企业 CEO 已深陷其中，拯救成本过高，类似这种，我会很不舒适。

综合考虑，我还是想自己做一些能为他人、为这个世界实实在在带来一些小改变的事情。

同时，明明白白地赚自己的小钱，而不是因为考核、办公室政治等，让自己的收入变得不明不白。

我还是喜欢自己的世界自己来把握。

萧秋水：那算起来做自由职业者还不算长？

小荻：时间不长，虽然 2015 年 11 月就辞职了，但正经开始做，还是应该从 2016 年 7 月 15 日算起。

萧秋水：现在客户来源主要有哪些？

小荻：从在线社群内做分享，吸引第一批种子人群，公众号写文章 + 线上线下分享打影响力，积累口碑，最终实现多元化变现，比如企业内训，比如个人咨询，比如书籍，比如音频课程，比如大型项目合作。

萧秋水：你觉得自己的核心技能是什么？

小荻：看上去是培训和讲授技能。

其实是强学习整合能力，以及变通能力。我的课程体系吸取了很多家的长处和内容，然后以我的方式进行转化，有些转化内容甚至是原作者都没想到过的，这样再加上我的思考，演变成我的课程。

萧秋水：对，我刚才有讲过，所以跳槽多反而对你有好处。对于收支情况是否满意？最主要的收入方式是怎样的？

小荻：目前还不满意。

因为主要是课程、在行咨询、PPT 设计和公众号文章打赏，看上去似乎多元，但依然很依赖投入产出，不干就没有。你看，现在还是授课，做知识和技能输出。我觉得是知识苦力……

萧秋水：你认为做自由职业者的好处是什么？

小荻：完整独立的决策权，自己为自己负责，不需要被一些莫名其妙的人问责，收入支出一清二楚，没有灰黑地带。

萧秋水：你认为做自由职业者的坏处是什么？

小荻：时间自由，很考验自控力。

时间需要安排，事情需要安排，工作和生活需要平衡，朋友和客户需要平衡。

一开始不敢松懈，不敢随便放假，其实不潇洒，很辛苦。

另外，没有固定收入的不安全感也是如影随形。

萧秋水：打算做多久的自由职业者？

小荻：到我觉得我可以开公司、招人、做管理、创造更多价值的时候。

萧秋水：别怪我没提醒你，开公司是很累的，那样的话就有很多的不自由。对自由职业者们想说的话？

小荻：如果你是打算出来做自由职业者的话，请思考：

如果半年之内，你都无法打通商业模式、获得有效稳定的现金流收入，你打算怎么办？

如果在三个月的时候，你没有收入，家人朋友比你还焦虑，你怎么说服他们？

另外，请了解：你觉得身边那些特别支持你的朋友，请对他们有合理的预期，就算他们会无条件支持你，关键是，你用什么回报他们？

当你走出去的时候，请不要错过任何的可能性。

萧秋水：好，最常使用的工具列一下？

小荻：工作规划、协同、记录：Teambition，有网页端、PC 端（win、mac 都有）、手机端（安卓苹果都有）

问卷设计、调查：金数据

培训协助：UMU

文档协同编辑：石墨（但最近好像有点问题）

微信排版：i 排版

个人品牌方面，全平台都是“小荻老师”

主要有微信公众号（ixiaodilaoshi）、微博、简书。

未来会有豆瓣、一点资讯、搜狐、今日头条等。

公众号：小荻老师

（微信号：ixiaodilaoshi）

王禹宸：
他不喜欢一眼看到尽头的工作

姓名：王禹宸

性别：男

标签：MindGrapher 思维导图达人

年龄层次：90 后

身份：自由职业者

三年前，他还是医学院校里的学生，

毕业后，没有当医生，

在医药公司做过市场，做过品牌，

凭借思维导图在公司一路升职加薪。

但是，他没有选择安逸，

想通过做自由职业者来挑战自己。

过去的一年，

开设可视化思考课程；

为一些牛人大咖画图；

有三本准备出版的书。

曾经，

他绘制了全网绝大多数的医学思维导图。

现在，

他是导图视觉设计师。

可视化思考的先行者。

萧秋水：禹宸，想想我们的认识也真有意思，你是先从在行约了汤帅，然后他介绍你来约见我，后来你又约见了小获，并且还成了小获新公司的监事，在行还真是起到了串联作用。我们上次会面后，书写得怎样了？

王禹宸：那个书我后来找到了另一种做法。

上次和萧老师说过，在几年前就有出版社跟我约稿了，然而我因为各种原因没有进展，上次约见过萧老师后，又认识了很多有趣的人，也知道了很多有趣的玩法。最终以社群的形式，邀请了40多位学霸来编写这本书，并让他们中的大部分人在编写过程中迅速地掌握了思维导图和可视化工具，这些小伙伴们也玩得很开心。现在稿件还在修改中，预计2017年出版，题目暂定为《医学学霸们的思维导图笔记》。过程中，我觉得每个人参与这个活动都得到了不同的收获，特别好玩，以后也想要做一些这样的事情。

萧秋水：有创意！能不能说一下重要的工作经历？

王禹宸：那我就用一个图来表示吧：

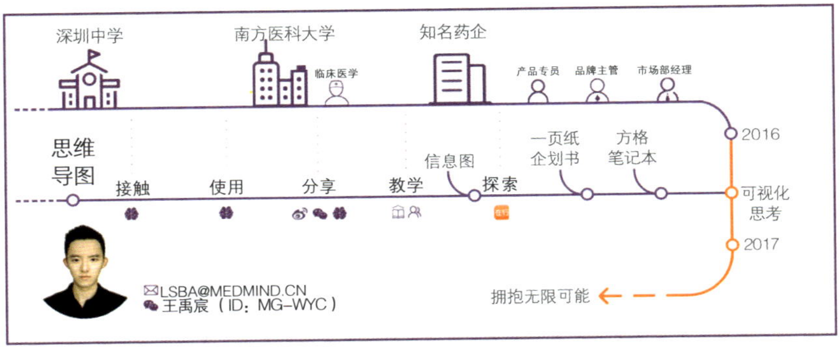

在南方医科大学学的临床医学，毕业后因为做“医学思维导图”微博，迅速找到了一家小有名气的药企做产品工作，后来升职为品牌主管，负责公司及产品的各种设计及品牌营销。

后来又到了更大的一家药企做市场部经理，主要负责公司战略。

萧秋水：记得上次聊，你说在职场上发展是非常顺利的？

王禹宸：对，尤其是第二份工作，特别有意思。

那个夏天，跳槽没跳明白的我，花光了卡里的钱，特别绝望。在微博上发了一下我的简历，我老板就给我打电话了，很严肃地说：“明天来面试吧！”虽然来得太突然，第二天我还是去面试了。当然，我很顺利地通过了老板的面试，但两位老总最后看着我的简历却不知道要让我做什么。他们商量了一下说：“咱们可以给你设一个‘自由人’的职位，你觉得需要干什么就干什么。”后来，除了市场部的工作，我也确实做了很多跨部门/项目的工作，我觉得有助于公司发展的事情。可能这个时候，我心中自由职业的小火苗，出现了……

在我去公司的第一周，就遇到了管理层的培训，当月有个“代理总裁”的活动，我鬼使神差地当选了。作为公司最年轻管理层的我，刚来公司一周的我，怀着忐忑的心情，对公司的股权问题进行了调研、举办了一场全员参与的活动……现在想来，也真有点佩服自己当时的勇气。也是因为这件事后来公司的人都戏称我为“王总裁”……能按照自己的想法去创造一些价值，那种感觉非常棒。

萧秋水：有这么好的机遇，为什么还选择做自由职业者？

王禹宸：不喜欢按部就班，不喜欢一眼看到尽头的事情，喜欢折腾，喜欢自己安排自己的时间，喜欢做一些时效性不那么高的事情，比如说，画一幅好的导图，可能会在很长时间内帮助到别人。

萧秋水：做了多长时间自由职业者？

王禹宸：大概半年时间。

萧秋水：那工作来源有哪些呢？

王禹宸：各种圈子，自媒体，还有现在编到一半还没编完的书……到时候也会有稿费的。

主要的收入方式，是收费做一些思维导图、信息图，接自媒体广告，还有就是在行的线下约见也可以赚点零花钱。

萧秋水：你的核心技能是什么？

王禹宸：可视化思考、思维导图、理解力（通常在工作中大家对我的设定是：如果一个人说的东西禹宸理解不了，那一定是他没说明白）。

用一张图来梳理复杂信息，最后达成可视化地呈现。

萧秋水： 对于收支情况是否满意？最主要的收入方式是怎样的？

王禹宸： 基本满意。刚开始的时候一直在花存款，现在收入不断增长中，可能就快要收支平衡了，因为有长期规划，所以即使出现一些不稳定的情况心里也能接受。

萧秋水： 你觉得现在自由职业的工作类型是什么？

王禹宸： 我把我自己定位为 MindGrapher，中文不知道要怎么说，就是一种想尽办法要把你脑子里想的东西画成图帮你呈现出来的那种状态。小荻老师说我是她的“御用”导图设计师，哈哈。

萧秋水： 你认为做自由职业者的好处是什么？

王禹宸： 可以灵活地调整自己的发展道路，一个人就像一支队伍在战斗，完成各种挑战，让自己的知识、技能和眼界不断提高，这个过程是非常有趣的。

萧秋水： 你认为做自由职业者的坏处是什么？

王禹宸： 其实，越是进步，越能发现身边的人都很努力，很拼，自己难免产生一些焦虑，需要自己不断地去变强大。

太过自由：每隔一段时间可能都需要去重新定义自己，逼迫自己去适应、去进步，成长的过程也伴随着破茧的阵痛。

萧秋水： 打算做多久的自由职业者？

王禹宸： 未来的变化太大，无法预估，在不断成长的过程中，接触的人、事、物都在变化，我也会逐渐去调整这些东西。给自己心理的预期是 1~2 年。以后可能会去创业或去感兴趣的公司工作，也可能一直自由职业下去。

至少，个人品牌的打造应该是终身的。

萧秋水： 有没有想对自由职业者们说的话？

王禹宸： 学者志在大道，智者谋于未来。

萧秋水： 最常使用的工具有哪些？尤其是 MindGrapher，会有些特殊吧？

王禹宸： 也不算特殊。思维导图软件我用 XMind，画流程图等用 Visio，还有 AI、数位板等。

公众号：王禹宸

（微信号：MG-WYC）

素走世界：
素食主义者的环球旅行

素走世界：环球旅行者，撰稿人，搜狐专家，今日头条、网易自媒体、新浪微博旅行玩家，乐途专栏作家，去哪儿网、携程、艺龙旅行家，途牛、驴妈妈旅行达人，淘在路上“旅型家”，两年行走经过五大洲，30多个国家，185个城市。

网名：素走世界

性别：女

标签：素食主义者 / 环球旅行者 / 旅行自媒体

身份：自由职业者

萧秋水：素素，记得那次一起去桂阳，你说过以前是做网络营销的对吧？

素走世界：是啊，从事了十年以上的服装零售批发业，六年以上的塑胶行业网络销售推广工作。

萧秋水：那为什么成为自由职业者了呢？

素走世界：在从事网络工作期间，因公出差的机会，一个人去了云南及华东，自此便开始了环球旅游之路，先后自助游了国内多个省市，接着是东南亚、大洋洲、中东、欧洲、非洲，足迹一路延伸，一边行走一边分享，自然而然成了旅行自媒体。

从普通旅行者到职业旅行自媒体是个美好而又艰辛的过程，能看见自己的梦想一天天发芽，成长的过程也让每天都充满希望。不过，从稳定的高薪工作一下到收入不稳定又经常完全没收入的状态会有很大的落差，对心理素质挑战极大。好在一路上都遇到不少前辈老师，经他们指导、教诲，才一一突破瓶颈。

放弃高薪工作，也不觉得可惜，因为环球旅行一直是我的梦想，我想找到一个能一边旅行一边工作的职业，也因此不断寻找方法去实现这个梦想。

萧秋水：很多人都有这个梦想，但就是下不了决心付诸行动，你想到了，也做到了。这就很可敬。你做了多长时间的自由职业者？

素走世界：一年多。

萧秋水：怎么寻找到客户或者客户通过什么渠道找过来？

素走世界：客户一般是从微博私信或其他媒体平台留下的微信、微博号找来的，也有些是同行的媒体达人介绍。

萧秋水：你觉得自己的核心技能是什么？

素走世界：主要是旅行图文撰写，短视频制作。

萧秋水：我看了你的照片只有佩服的份儿，真是太用心了！

素走世界：也是不断学习，以前也感觉不行，慢慢地就进步了。

萧秋水：对于收支情况是否满意？最主要的收入方式是怎样的？

素走世界：还没达到满意的阶段，还需要努力提高自身技能。主要收入来自软文撰稿，落地体验活动，也有部分广告收入。

萧秋水：你认为做自由职业者的好处是什么？

素走世界：可以做自己喜欢的工作，能自由支配自己的工作方式和地点。

萧秋水：你认为做自由职业者的坏处是什么？

素走世界：收入不稳定，对个人综合素质要求极高。

萧秋水：打算做多久的自由职业者？

素走世界：打算一直做下去。

萧秋水：想对自由职业者们说些什么吗？

素走世界：自由职业者虽然看似很美好，但也是难度最高的工作，并非人人适合。首先，得有其他稳定生活来源保证，还得有丰富的知识技能，健全的人格，较高的情商，这些都需要时间累积沉淀，并非一朝一夕能达到。当决定做自由职业者的时候，首先问自己是否具备适合的条件。

萧秋水：作为旅行自媒体，你最常使用的工具有哪些？

素走世界：硬件是手机和手提电脑、相机。软件主要是微信和微博，修图软件一般用 Lightroom，或者手机修图软件 Snapseed 和 MIX，视频编辑软件一般用三星自带的视频编辑软件和彩视、美摄等。

魏小河：
这条河不知终点

魏小河，经营“不止读书”微信公众号两年，坚持原创，致力推广青年阅读，受到数十万年轻读者追捧，千万阅读量，被认为是微信“最懂年轻人的书评人”。著有《独立日：用一间书房抵抗全世界》《读在大好时光》。

姓名：魏小河
性别：男
标签：公号狗／书评人／一条未知终点的河
年龄层次：90 后
身份：自由职业者

萧秋水：认识小河的时候，“不止读书”已经做得不错了，忘了是谁发起，反正和“不止读书”合作了一次活动才知道，原来我们住得很近，可是以前却没在周围碰到过。

魏小河：哈哈，因为我很宅。

萧秋水：所以小河除了读书，就是运营“不止读书”吗？

魏小河：基本上是这样。2013 年开始做微信公众号“不止读书”，做了三年多，目前拥有 40 万粉丝。每天推荐自己看过的好书，写书评，做分享。已出版《独立日：用一间书房抵抗全世界》《失眠书》。即将出版《读在大好时光》。

萧秋水：祝贺小河，预祝新书大卖。在我印象里，小河是一个特别文艺的青年，相比我这种一脚专业、一脚文学的“伪文青”，小河你是非常纯粹的。在运营不止读书的过程中，有什么精彩的好故事吗？

魏小河：因为做微信号，曾经建立过一个会员群，并在各地办了读书会。在我的推动下，会员群里每个人都出来自我介绍，因此产生了一对情侣。当时他们一个在北京，一个在泰国，但是他们还是迅速地恋爱了，后来一起去往大理生活。

因为读书会，各地也产生了好几对情侣，这是很有意思也很有意义的事情。

萧秋水：真是美好的邂逅啊！所以说社群在解决恋爱问题上还是很重要。那你原来的工作我记得也很好啊！为什么离职做自由职业者呢？

魏小河：因为从一开始就很不喜欢工作，或者说上班。人本来就应该是自由的。

萧秋水：做了有一年多的自由职业者了吧?

魏小河：对，一年多，感觉日子特别惬意，正是我想要的生活方式。

萧秋水：那工作来源是什么?

魏小河：做好内容，客户自己找来。

萧秋水：这个相对省力，不需要太多商业谈判能力，有点匠人的意思。那你的核心技能是什么?

魏小河：写作。

萧秋水：对于收支情况满意吗?

魏小河：目前还算满意。主要收入就是两部分吧，一是出书版税，二是来自微信公众号的收入。

萧秋水：你认为做自由职业者的好处是什么?

魏小河：好处可多啦，比如可以睡到自然醒，可以自由支配时间。最大的好处是，可以做自己想做的事情，而不把精力浪费在次要的事情上。

萧秋水：你最后这句话让我想起不少自由职业者，包括我本人，成为自由职业者以后长舒一口气，想着终于不用各种开会了。那你觉得做自由职业者有没有坏处?

魏小河：当然也有坏处，比如容易和社会脱节，偶尔容易情绪低落，焦虑，还有就是收入不稳定。

萧秋水：打算一直做下去吗？

魏小河：永远。

我记得有次见面，秋水姐说过，一旦尝过自由的滋味，就不愿意再回到囚笼中。我就是这么个感受。

萧秋水：有没有对自由职业者们想说的话？

魏小河：吃好睡好最重要。

萧秋水：这话实在，是这个理儿！最常使用的工具有哪些？

魏小河：硬件：笔记本电脑、书、笔记本。

软件：Pages、印象笔记。

APP：微信。

网站：豆瓣。

就这么简单。

图书在版编目（CIP）数据

知识变现 / 萧秋水，剽悍一只猫著. —北京：文化发展出版社有限公司，2017.9
ISBN 978-7-5142-1860-2

Ⅰ. ①知… Ⅱ. ①萧… ②剽… Ⅲ. ①生活方式－青年读物②职业选择－青年读物 Ⅳ. ①C913.3-49
②C913.2-49

中国版本图书馆 CIP 数据核字（2017）第 187411 号

知识变现

著　　者：萧秋水　剽悍一只猫

出 版 人：武　赫
责任编辑：肖润征
特约监制：魏　玲　潘　良
特约策划：战　铁　王泽阳
特约编辑：陈阿孟
出版发行：文化发展出版社（北京市翠微路2 号 邮编：100036）
网　　址：www.wenhuafazhan.com
经　　销：各地新华书店
印　　刷：北京市雅迪彩色印刷有限公司

开　　本：700mm × 980mm　1/16
字　　数：226千字
印　　张：22.5
印　　次：2017 年10月第1 版　2017 年10月第1 次印刷
定　　价：42.00 元
I S B N：978-7-5142-1860-2